2019年部省合建优势特色学科建设项目资助出版

张会敏　刘超　刘秉龙／著

贫困指标
测度的研究范式与机理分析

RESEARCH PARADIGM
AND MECHANISM ANALYSIS ON
POVERTY INDEX MEASURE

社会科学文献出版社
SOCIAL SCIENCES ACADEMIC PRESS (CHINA)

目　录

绪　论

第一节　研究背景、研究目的和意义

一　研究背景

（一）贫困依旧是一个全球性问题

人类已经进入 21 世纪，但“3P”问题依然困扰着人类，所谓“3P”问题是指“poverty，population and pollution”，即贫困、人口和污染 3 个问题，而贫困是全人类面对的最尖锐的问题之一。贫困问题是指由于贫穷所直接导致或者衍生的一系列社会问题。按照世界银行的统计，截止到 21 世纪初，如果把贫困线定在人均纯收入 1 美元每天，全球 60 亿人口中有 12 亿人生活在贫困线下，占全球人口的 20%；如果按照世界银行设定的贫困线标准，人均 1.25 美元每天，则贫困人口会更多。而贫困人口分布的地域差异又很大，亚洲、非洲、拉丁美洲是世界贫困人口最集中的地区，其中又以南亚、东非、中非与南美安第斯山地区的贫困人口最集中、贫困程度最深。根据世界银行的统计，由于贫困与饥荒，在低收入国家，5 岁以下的儿童有

50%营养不良；由于营养不良，低收入国家的儿童有20%活不到5岁。贫困人口中有6亿人处于赤贫状态，基本生存问题依然没有得到解决。

1990年，联合国下属机构国际发展委员会确定了消除全球贫困的目标——“千年发展目标”，这一目标意在消除绝对的贫困与饥荒，该目标要求在1990～2015年，全球贫困人口减少一半，即数量降至6亿左右，并要求各国在教育、性别平等、医疗卫生以及扭转饥饿和环境恶化等方面取得较大改善。

世界银行于2013年4月17日发布的《世界发展指标》报告称，发展中国家极度贫困人口的平均收入持续上升，稳步接近世界银行日均1.25美元的贫困线标准。1981～2010年，尽管发展中国家的人口增加了59%，但生活在每天1.25美元贫困线下的贫困人口比例已从50%显著下降至21%。尽管近年来许多国家的极度贫困率迅速下降，但根据世界银行的估计，到2015年仍有9.7亿人每天生活费用不足1.25美元。该报告显示，占世界极度贫困人口数前3位的国家和地区分别为撒哈拉以南非洲、印度和中国。其中，撒哈拉以南非洲、印度的极度贫困人口总数占世界极度贫困人口数的比例30年来有所上升，而中国的这一比例从1981年的43%显著下降至2010年的13%。

2014年，英国《金融时报》的一个分析称，发展中国家有近10亿人面临失去刚刚达到的中产阶层生活水平的境地，这让人对过去数十年来令人瞩目的脱贫成果的持久性产生疑问。不平等加剧和全球经济增长放缓，对大量投资于新兴市场的企业有重大影响。许多人认为像中国和印度这样高速发展的发展中大国会带动全球经济在21世纪快速发展。

国际货币基金组织（IMF）警告称，世界可能面临数年速度偏低的经济增长，同时世界银行（WB）的经济学家也警告说，发展中国家经济体的增速可能要比2008年全球金融危机爆发前平均低2～2.5个百分点。

以澳大利亚为例，根据联合国开发计划署（UNDP）的2008年数据，澳大利亚在人类发展指数[①]上排名第三位，从对贫困情况进行估测的角度来看，澳大利亚在这方面的做法不尽如人意。2000～2004年数据显示，澳大利亚人口中收入少于中等可支配收入一半的人群占比较高，处于第六位。因此，参照国际标准，贫困依然是澳大利亚今天需要顾虑的重要问题。

在用购买力因素调整后，亚洲开发银行（Asian Development Bank）将每天收入2美元的贫困线定义为进入新中产阶层的起点，而一些经济学家则认为，更稳妥的标准是从每天收入10美元算起。不过，英国《金融时报》对世界银行收入分配数据的分析清楚表明，在近几十年脱贫的数以百万计的人中，大多数人处于上述两条标准线之间，用“脆弱的中产”来形容他们最为恰当。这一分析数据来自122个发展中国家，最早可追溯至20世纪70年代。2010年的数据表明，发展中国家有超过28亿人口的日均收入处于2～10美元，占世界总人口的40%。这使“脆弱的中产”成为世界最大的收入人群。

在英国，工作和抚恤局（Department for Work and Pensions）每年公布一份《低收入家庭收入情况》报告。在2009年的报告中记录了

① 人类发展指数包括出生时候的预期寿命，初级、二级、三级的受教育比例，人均国民生产总值等数据。

英国贫困率（该数据取平均收入的60%作为贫困线），其中单亲带孩子的贫困率是最高的，为35%；随后是单身女性抚恤金领取者的贫困率，占30%；双亲无孩儿家庭的贫困率为9%。这一结果与澳大利亚的情况非常接近。此外，脱贫者中有很大一部分人聚集在略高于日均收入2美元的捉襟见肘的收入区间。英国《金融时报》的一个分析表明，2010年，发展中国家有9.52亿人的每日收入为2~3美元，这一弱势人群是规模增长最快的收入群。

国际劳工组织认为新兴经济体有增长放缓的迹象。2013年，全世界极度贫困劳动者的数量仅下降了2.7%，为过去10年来贫困率下降最缓慢的一年。

事实上，不仅在发展中国家存在紧迫的贫困问题，一些发达国家也面临着贫困的挑战，麦肯锡（McKinsey）咨询公司在2008年的一份研究报告中警告称，到2020年，由于经济增长乏力，大约有1000万德国人可能重新陷入贫困的境地。麦肯锡咨询公司在研究报告中提出，鉴于德国经济的年平均增长率只有1.7%，到2020年，那些收入介于平均收入的70%~150%的人（中产阶级的标准定义）占总人口的比重将不足一半，低于目前54%的水平。贫富差距仍然在不断扩大，人们对于社会及经济长期衰落的担忧，以及对生活成本日益上涨的愤怒，已上升为德国社会中种种隐患之一。在法国，20世纪90年代之后，富有人群的收入迅速增加，贫富差距急速扩大。“前1%人群的工资比重，在20世纪80年代和90年代还不足6%，自90年代后期开始增长，2010年后达到了7.5%~8%。”①

① 〔法〕托马斯·皮凯蒂：《21世纪资本论》，巴曙松等译，中信出版社，2014，第296页。

美国统计局也有针对不同家庭类型的贫困状况的统计数据，但是家庭类型较少。在美国的数据里，有家庭主妇而没有丈夫的家庭贫困发生率是最高的，而婚姻状态下的双亲家庭贫困发生率则相对低得多。这一结论与澳大利亚和英国的数据相一致。但是，在美国统计局的报告里并没有对家庭里是不是有孩子做出说明。2010 年，4620 万美国人跌到贫困线以下。美国的贫困线标准是，四口之家年收入低于 22314 美元，或者一人收入低于 11139 美元。由于疲弱的经济复苏未能全面提高人们的收入水平，贫困线以下的美国人口数达到了 50 多年来此项纪录的最高值。贫困人口增多使美国人口贫困率上升至 12.10%，这是自 1993 年以来的最高值，比 2009 年增加了近 1 个百分点。2010 年美国失业率已达 9.1%。“贫困率达到 12.10% 着实不同寻常，”加州大学圣塔芭芭拉分校研究贫困问题的艾丽丝·奥康娜（Alice O'Connor）教授表示，“目前情况和 20 世纪 60 年代美国对贫困宣战之前的时期有些相像。这令人震惊。这是对大衰退深度的写照，更是对复苏乏力的悲惨写照——这场复苏显然没有让最贫困的美国人受益。”① 另有数据显示，美国的最富裕人群逃脱了经济衰退的最严重冲击。

益普索（Ipsos）对美国富人的年度调查表明，2011 年年收入超过 10 万美元的美国家庭数量为 4420 万个，而 2012 年这一数字为 4410 万个。富人的消费在一度降低之后稳定在 1.4 万亿美元的水平上。益普索总裁鲍勃·苏尔曼（Bob Shullman）表示，针对美国最富有人群的市场已经“戏剧性企稳”。他补充道：“收入降低

① 〔英〕香农·邦德、马特·肯纳德：《美国贫困人数创 50 年记录》，《金融时报》2011 年 9 月 14 日。

时，人人都感觉得到，但如果可支配收入减少，你会感受得更真切。”

（二）中国的贫困问题依然很严峻

自从改革开放以后，在30多年的时间里，中国的年均经济增长率超过10%，是世界上经济发展最快的国家之一。经济增长提高了民众的生活水平，贫困人口比率和贫困人口的贫困程度都有明显的下降。从1981年到2005年的25年里，平均每天收入不足1.25美元的人口比例从85%下降至16%，这对于拥有13亿人的人口大国来说，是了不起的成就。

国务院总理李克强在十二届全国人大三次会议闭幕后回答记者问题时表示，尽管中国是世界上的第二大经济体，但如果按人均收入算，中国排到世界的80位以后，中国仍有近2亿贫困人口。中国的贫困问题影响到千家万户，尤其是在偏远的西部农村，还有很多人处于一种相对或绝对的物资匮乏状态。尽管在改革开放以后，中国的人均收入大幅增加，贫困率自1981年的85%下降到2012年的10%（世界银行把贫困线定义为平均每天生活费用不足1.25美元，但该标准有待商榷）。

目前，按照原来中国的年均纯收入1500元人民币的贫困线标准，官方数据表明，2010年大概有2688万人口处于贫困线以下，如果按照2011年调整后的年均纯收入2300元人民币的贫困线标准，中国大概有1.28亿人处于贫困状态。如果按照世界银行的人均纯收入1.38美元每天的贫困线标准，贫困人口的数量会更大。值得欣慰的是，东部一些发达省份已经提高了扶贫标准，例如浙江把扶贫线定为4600元，江苏为4000元，辽宁为3200元等。

首先，在贫困人口减少的同时，城乡之间、地区之间、人群之间的贫富差距却快速扩大了。发展速度不均也导致了地区之间和人与人之间的贫富差距不断扩大。贫富差距主要表现在生活标准差异上。城市、沿海地区和乡村、内陆地区的生活标准差异越来越大。同样，健康和教育支出的不均等也在扩大。目前，贫富差距问题给发展中的中国带来越来越多的麻烦，贫富差距会加剧一个国家或地区的贫困问题，简单地说，如果存在严重的贫富差距，意味着这个国家或地区的财富会被较少数的人占有，从而有更多的人陷入贫困的境地。2013年1月，国家统计局一次性公布了自2003年以来10年的全国基尼系数。官方公布的中国居民收入的基尼系数分别为：2003年是0.479，2004年是0.473，2005年是0.485，2006年是0.487，2007年是0.484，2008年是0.491，2009年是0.490，2010年是0.481，2011年是0.477，到2012年的数据是0.474，为2005年以来最低水平，自2008年起，基尼系数在逐年缓慢下降。尽管如此，我国的居民收入的基尼系数也引来很多人士的质疑。2014年，密歇根大学谢宇教授根据中国的六份调查，估算中国2005年后的基尼系数为0.53~0.55，并指出差距主要来自沿海与内陆差距以及城乡差距。另外一种算法是把城镇和农村居民分隔开，分别测算城镇居民和农村居民收入的基尼系数，比如世界银行就是分开来计算我国的基尼系数，计算的结果表明贫富差距并不那么严重，但这种测算方法本身就存在不一致性，无法比较全面客观地说明当前的贫困特征。

其次，不平等的程度在加剧。2009年的统计数据表明，中国日均生活费用低于2美元的人口约4.68亿，占总人口的48%。其实，自改革开放之始，收入差距的扩大就已经显现。原因在于沿海开放城市首先受惠于改革开放政策，有一部分胆子大、受到一定教育的人抓住了新的机遇。但是，中国当时的一些政策很有可能加剧而非减缓了贫富差距的扩大。比如，城乡“二元分治”的户籍制度阻碍了农村人口向城市的迁移，而农村的改革自20世纪80年代以后就处于停滞状态。乡村土地不能流转的所有制度也限制了农民从土地以及其他资产中获得收益。好在这种情况已经得到很大改观，中国政府已经尝试鼓励中国的生产从投资和出口向国内消费和服务转变，还出台了具体的土地流转政策，以此来改善中国相对贫困的状况。政府还通过放宽户口限制、废除农业税以及增加贫困地区的公共投入来缩小不平等的差距。

除此之外，教育和卫生医疗开支的差距也在扩大，这种差距一直到2003年全国农村推行农村合作医疗制度后才有所缓解。部分原因是中国分割式的财政体系——地方政府与中央政府在财政收入的分配上也存在问题，税收的大头被财政部拿走，小头留在地方政府。但地方政府要负责当地的基础教育和卫生投入，这两种支出基本上是基层的最大的支出。有学者也指出了这些问题：“中国的基础教育存在着严重的投入不足，目前几乎所有与基础教育有关的投资都来自地方政府，而地方政府所具有的财政支付能力又相当有限，这就决定了基础教育，特别是义务教育名不副实。”① 支出方面地方占大头，中央占小头的结果是国家有钱，地方没钱，尤其贫困地区，很难负担起公共服务，这些地区的贫困家庭也不能承受高昂的私人基础教育和卫生医疗服务费用。由于很多地方政府的财力不能实现自身的正常运转，大部分的财政转移支付都用来填补“窟窿”，只能很少一部分用于“扶贫济困”，起到的作用微乎其微。

① 李永祥：《国家权力与民族地区可持续发展——云南哀牢山区环境、发展与政策的人类学考察》，中国书籍出版社，2008，第119页。

中国贫困人口的分布还具有典型的地域和民族特征，大部分分布在所谓的“老、少、边、穷”地区，在全国的2109个县级行政区中，贫困县有592个，其中中部地区有217个，西部地区有375个；按照民族区域划分，592个贫困县中有232个分布在8个民族省区。东部地区指的是东部沿海省份，交通便利、资讯发达、科技发展水平高、基础设施条件好、医疗卫生条件好、教育普及率高、人力资源丰富、商业和国际贸易繁荣，已经基本脱离了贫困，摘掉了贫困这个帽子。而广大的中西部地区，尽管地域广大、资源丰富，但因为基础设施落后、信息封闭、科技发展水平低、医疗卫生条件差、教育普及率不高、人力资源短缺、市场经济相对落后、管理水平低下等因素，经济发展水平相对落后，贫困问题突出，面临着更加严峻的脱贫问题。

此外，中国贫困人口的分布还具有典型的内部差距，即便在一个地区内，城镇人口与农村人口相比平均收入差距也很大。国家统计局提供的数据显示，地区内部的城乡收入差距为3倍左右，即城镇人口的平均收入水平是农村人口的3倍，再考虑到城镇和农村人口在教育、医疗、保健、养老等方面的差别，实际的收入差距可能会更大。更进一步讲，在目前的制度设计下，这种差距并没有缩小的迹象，官方数据也不能很好地反映这种变化，中国衡量贫富差距的办法还存在很大的缺陷。传统的城乡二元分治的政策，不仅导致经济发展水平的不平衡，还人为加剧了贫富分化。

二 研究目的和意义

本书的研究目的在于在没有普查数据、缺少抽样调查数据的条件下，运用小域估计的方法对贫困指标进行测度，结合与贫困相关的辅助信息，以中国的贫困问题为研究对象，对中国的贫困指标进行测度，主要测度贫困发生率、贫困缺口、相对贫困发生率等指标，以期能够比较准确地反映中国的贫困问题，为系统深入地研究中国的贫困问题提供参考。

贫困问题是人类发展的最大障碍之一，贫困的存在吞噬了现代社会的发展成果，是人类发展史上的毒瘤，在人类文明高度发展的今天，全球化的贫困延缓了人类的文明进程。消除贫困，对每一个人来说，都有义务贡献自己的一分力量。正如诺贝尔和平奖获得者穆罕默德·尤努斯在2009年接受记者专访时所说，“不能用经济学知识帮助穷人消除贫困是经济学家的耻辱”。但在现实社会里，因国别、经济发展水平、政治制度、战争等因素的影响，短期内消除贫困是一件不可能完成的任务。

此外，因为贫困问题对任何国家和地区来说，都是一个关乎人民福祉、社会稳定和国家发展的关键问题，所以对贫困问题的研究也显得至关重要。但研究贫困问题面临两个难点：一是有关贫困的相关理论研究，二是关于贫困指标的具体测度和估计。关于前者，自阿马蒂亚·森以来，关于贫困的理论已经逐渐成熟，后来的学者前赴后继，针对贫困问题提出了很多有见地的观点。而对贫困指标的测度和估计关系到人们对贫困问题的了解程度。

全世界许多国家都对贫困指标的小域估计有兴趣，在许多情况下，对该领域的研究由联合国和世界银行发起并赞助。一些政府机构和民间组织也采用了这些学者的方法并成立相关机构来进行贫困调查或进行扶贫工作。比如，中国政府在国务院下面专门成立了一个“国务院扶贫办公室”。贫困问题也引起了美国人口普查局的注意，并且开发了SAIPE（Small Area Income and Poverty

Estimation，即小域收入和贫困估计）计划。一些国际机构，比如世界银行能够比较准确估计全球各个国家的贫困状况、贫困动态变化等。

在此背景下，本书并不讨论消除贫困的策略和良方，本书的研究意义在于以下几个方面。

首先，从小域估计的测度方法出发，在存在数据缺失、样本容量较小、无数据可用或只有局部数据的时候，对贫困指标进行测度，在估计出相应指标的基础上结合贝叶斯统计方法探讨如何采用基于模型的小域估计方法缩小误差，提高估计的精度。

其次，小域估计方法可以节省大量的人力物力，而且可以经常进行调查活动，有利于监测贫困状况的动态变化。

最后，与模拟实验结合，小域估计测度方法也可以推广到估测各种其他小域的数值，如泰尔指数和基尼系数等。本书通过将小域估计方法的估计值产生的偏差和均方误差与直接估计的方法进行对比研究，证明经验贝叶斯（EB）方法也是适用的。

第二节　国内外文献综述与研究现状

一　国外文献综述与研究现状

关于贫困以及由贫困衍生的一些相关问题很早就被经济学家和社会学家所关注，本书简单介绍一些当代在贫困以及贫困测度或度量方面比较有影响的和代表性的经济学家的学说和成果。

1998 年的诺贝尔经济学奖得主阿马蒂亚·森（简称“森”）结

合了他本人以及其他一些学者的成果，在1981年出版了一本直到今天依然影响很大的著作《贫困与饥荒》，文中提到贫困的识别与测度，甚至于贫困的判断都不是很轻松的事情，而对于贫困产生的原因，作者认为，直接原因可能比较清楚，而最终原因往往是模糊不清的。[①] 作者以1943年的孟加拉大饥荒和1973～1975年的埃塞俄比亚饥荒为案例，分析了贫困与权力体系的联系。在该书的附录中，森提出了贫困的度量问题。森定义了贫困指数（简称“森指数”），表示为$P=H[I+(1-I)G]$，这里，P是贫困指数；H表示贫困人口的百分比；G表示贫困人口的基尼系数；I表示贫困人口的平均纯收入与贫困线收入的差距，除以贫困线收入所得出的比率。森指数很好地克服了原来只用贫困线作为衡量贫困标准的不足，因为把贫困线作为唯一的标准忽略了穷人的贫困程度；此外，原标准无法度量贫困人口内部经济状况改善的情况，因为只要穷人的收入水平没有超过贫困线，对贫困人口比率就没有影响。所以，森指数改变了原来的标准，将人口数量、收入水平以及收入的分布结合在一起，就能够比较全面地反映贫困程度。

此外，森对其提出的贫困度量方法设置了一些约束条件，认为这种度量方法应该满足单调性公理、弱传递性公理和核心公理。其思想简要叙述如下。①单调性公理：在其他条件不变的情况下，贫困线以下的某个人的收入减少，必然意味着贫困度量值的增加。②弱传递性公理：财富从一个较富的人向一个穷人转移，而且收入转移后二者都不跨越贫困线，那么贫困度量值必然会变小。③核心公理是基于如下观点提出的，即贫困的度量是穷人的事，而不是整个国家的普遍性

① 〔印度〕阿马蒂亚·森：《贫困与饥荒》，王宇、王文玉译，商务印书馆，2001。

贫困，它不能反映相对贫困状况，即要消除穷人的收入缺口需要多大比例的富人收入转移，因为即使穷人仍像原来一样贫困，当富人变得更富有时，要消除穷人的收入缺口需要富人转移收入的比例就会变小。

Foster et al. 提出关于贫困测度的一种分解方法的解释和说明，后来人们把他们的这种贫困测度的方法称为 FGT 贫困测度。[①] 这种方法也被世界银行和其他一些国家和地区所采用，他们在森的研究基础上，对森的方法进行了完善并发展了森的方法，提出了一种新颖而且更加简单的衡量贫困变化的方法——FGT 贫困指数。该方法有三个特点：①按人口份额权重进行分解，②符合森提出的基本性质，③相互传递贫困的思想是合理的。本书第二章还将对 FGT 贫困测度进行介绍。

有些学者的研究更加细致，他们把问题细化到小域中家庭类型对贫困模型以及贫困测度的影响，早些时候，研究结果比对了贫困和家庭类型之间的关系。[②] 还有一些围绕澳大利亚的贫困问题所做的调研。对这些研究的解读说明，数据来源和贫困线计算方面存在的差异固然很重要，但是，抛开这些差异不谈，这里有一个共识，即多数的研究都显示，在这些不同类型的家庭里，单身人士和单亲家庭相对于其他家庭类型的人面临更高的贫困风险。

在更早的一些贫困指标测度的研究中，生活在双亲家庭中的人在一定程度上其家庭消费可以得到分担，而生活在单亲家庭和独居的人

① Foster J., Greer J., and Thorbecke E., "A Class of Decomposable Poverty Measures," *Econometrica* 52 (1984): 761 – 766.

② Rodgers H. R., *Poor Women, Poor Families: The Economic Plight of America's Female-Headed Households* (New York: ME Sharpe, 1990).

则不会享受到这样的优势。[①] 生活在双亲家庭中也意味着如果一方由于疾病、伤残或临时停工不能工作，那家里还有其他人能够工作。因此，作为双亲家庭中的一分子，在贫困面前多少有些自我保护能力。研究发现，2000 年的数据表明：单亲家庭是贫困率最高的家庭类型，紧随其后的是单身人士、双亲带孩子的家庭和双亲家庭。

Marks 通过对澳大利亚住户、收入和劳工动态调查（The Household, Income and Labour Dynamics in Australia, HILDA）的 2001 年和 2002 年数据研究发现，单亲家庭是所有家庭类型中贫困发生率最高的家庭，紧随其后的是单身人士。[②] Saunders et al. 通过使用当时的最新数据，将中等可支配收入的一半作为贫困线，同时采用 2003 ~ 2004年的数据进行分析，结论是：单身老年人具有最高的贫困发生率。[③] 单身老年人贫困发生率为 39%，而单身上年纪的工作人群贫困发生率为 22.8%。对于生活在单亲家庭里的人来说贫困发生率也很高，大约是 11.4%。

Miranti et al. 对 2010 年澳大利亚全国范围内不同家庭类型的小域贫困测度的问题进行了研究，该研究以 2006 年澳大利亚人口与住房统计局提供的收入与住房的小域数据为依据，对 2003 ~ 2004 年的数据进行整合，并对不同类型的家庭收入贫困率做出分析对比，其

① Harding A., Lloyd R., and Greenwell H., Financial Disadvantage in Australia 1990 to 2000: The Persistence of Poverty in a Decade of Growth (report commissioned by The Smith Family, Camperdown, NSW, 2001).

② Marks G. N., "Income Poverty, Subjective Poverty and Financial Stress," *Australian Government Social Policy Research Paper* 29 (2007).

③ Saunders P., Naidoo Y., and Griffiths M., "Towards New Indicators of Disadvantage: Deprivation and Social Exclusion in Australia," *Australian Journal of Social Issues* 43 (2008): 175 - 194.

中包括单身人士、单亲家庭、双夫妻家庭和夫妻带孩子的家庭。[①]调查结果显示，单身人士和单亲家庭的贫困率是最高的。另外，不同类型的家庭状况在不同区域分别对应着不同的贫困率，尽管大部分的贫困家庭出现在澳大利亚的农业区域，但贫困群体则出现在大城市的附近。该文集中分析澳大利亚的整体贫困率和各个不同类型的家庭的贫困率问题。结论是家庭类型是决定家庭中的成员是否贫困的一个重要因素。

为分析在收入贫困地区的区域性差异问题，Fabrizi et al. 以欧盟国家为研究对象，根据欧洲社区专门工作小组（ECHP）收集的个人所得税信息，生成对国家内某一大区域的可靠估计。[②] 为了获得由 Laeken 委员会提出的针对地方层面贫困指标的可靠估计，他们建议采用多变量小域估计的估计方法来减少估计值的变异性。他们的研究结果表明：意大利的区域凝聚力在欧盟范围内是最低的，而这种贫困缺口不能简单地归结到所谓的“南北差异”，即贫穷的南方和富饶的北方之间的差异，因为这两个宏观区域在贫困水平和收入不平等等问题上还呈现出巨大的内部差异。最后，他们提出相应的策略，以测量欧洲其他地区的贫困，使用的数据是欧盟对收入和住房状况的最新调查信息。

在欧洲，EURAREA（Enhancing Small Area Estimation Techniques

---

① Miranti R., Harding A., Ngu V. Q., McNamara J., and Tanton R., Children with Jobless Parents: National and Small Area Trends for Australia in the Past Decade (paper presented at the 37th Australian Conference of Economists, Gold Coast, from September 30th to October 3rd, 2008).

② Fabrizi E., Ferrante M. R., and Pacei S., "Measuring Sub-National Income Poverty by Using a Small Area Multivariate Approach," *Review of Income and Wealth* 54 (2008): 597 - 615.

to Meet European Needs）项目发展了一些方法来估计小域内的收入特征。其研究成果被限定在线性参数范围内。在美国，小域贫困估计方法已经引起美国人口普查局的注意，并且开发了 SAIPE（Small Area Income Poverty Estimation，即小域收入贫困估计）计划。该计划的主要目标是为联邦计划管理局和掌管联邦基金分配的地方司法机构提供收入和贫困统计数据的更新。县级方法基本上使用一个 Fay-Herriot 域分层模型，得到基于模型的贫困状况下县域内的适龄儿童数量的估计值。①

世界银行当前运用了一种不同的方法对贫困指标进行测度，称之为 ELL 方法②或世界银行（WB）法。在这个方法中所有的总体值都是由嵌套误差单元层次模型模拟的，模型带有估计参数，其中包括抽样单元的估计参数，也带有设计集群产生的随机效应。一般情况下，小域估计方法与这一方法是不相同的。

Molina 和 Rao 对 ELL 方法做了部分修正，经过其讨论和解释，ELL 方法的使用意味着所有的域实际上是非抽样的，他们采用基准测试通过使基于模型的预测和基于设计的估计量达成一致来使推断具有稳健性。③ 基准测试生成的均值预测实际上是合成预测，因为随机效应和残差的域均值在蒙特卡洛模拟的总体中都消除了。他们的模拟结果显示 ELL 方法产生的预测比由他们提出的经验贝叶斯预测（EBP）

---

① Fay Robert E., and Herriot R. A., "Estimates of Income for Small Places: An Application of James-Stein Procedures to Census Data," *Journal of the American Statistical Association* 74 (1979): 269 - 277.

② Elbers C., Lanjouw J. O., and Lanjouw P., "Micro-Level Estimation of Poverty and Inequality," *Econometrica* 71 (2003): 355 - 364.

③ Molina I., and Rao J. N. K., "Small Area Estimation of Poverty Indicators," *Canadian Journal of Statistics* 38 (2010): 369 - 385.

有更大的预测均方误差（PMSE）。世界银行已经发布一些国家的贫困和收入不平等的小域估计量，现在这种方法被广泛使用。[①] 该方法结合了普查和调查数据的单元层次模型，使用该模型可以得到描述贫困和不平等的空间分布图。不平等的度量包括基尼系数、森指数（Sen Index）、一般熵和泰尔指数。[②] 尽管在该文中，这种方法得到发展，而且允许对这些估计量和其他反映贫困与不平等的估计量进行度量。但是为求简洁，该文致力于一种称之为“非线性 FGT 贫困测度”的贫困估计方法，这种方法也被世界银行采用。[③]

二 国内文献综述与研究现状

在国内，很早就有一些学者对贫困测度问题进行过研究，早在21世纪初，李实就对20世纪90年代的中国城市贫困进行了研究。[④] 当时大多数学者认为城市贫困与城市职工的失业和下岗有关，所以，政府的主要政策是应该给失业和下岗职工提供资金支持。在这种情况下，李实对中国城市的贫困规模以及失业和贫困发生率的关系进行了研究，计算了样本城市和分组数据的贫困发生率和贫困强度指标，然后用 Probit 模型分析了个人陷入贫困的概率和下岗失业的关系。研究结果表明中国贫困发生率并不像某些发展中国家或地区那么高，但是该数据高于官方发布的数据。研究结果还表明贫困和失业有着很强的

① Elbers C., Lanjouw J. O., and Lanjouw P., "Micro-Level Estimation of Poverty and Inequality," *Econometrica* 71 (2003): 355 - 364.

② Neri L., Ballini F., and Betti G., "Poverty and Inequality Mapping in Transition Countries," http://www.econ-pol.unisi.it/quaderni/52DMQ.pdf.

③ Foster J., Greer J., and Thorbecke E., "A Class of Decomposable Poverty Measures," *Econometrica* 52 (1984): 761 - 766.

④ 李实：《九十年代末中国城市贫困的增加及其原因》，http://m.kdnet.net/share-759598.html，2003年10月27日。

相关性，城市贫困主要的原因就是城市职工下岗失业的人数增加了。

在《中国贫困人口研究》中，王卓系统说明了中国贫困人口的特征和产生的原因以及中国贫困人口的变动趋势，并提出减少贫困人口的策略和具体方案。①

赵大利在对湖北农村进行调研的基础上，以湖北农村为样本，利用洛仑兹曲线对湖北农村进行贫困测算并进行分解，测算了湖北农村1985~2005年的贫困状况，并重点模拟了贫困指标的变动，以及经济增长与收入分配对贫困变动的影响程度，结果表明政府的扶贫工作卓有成效，但因为收入差距拉大和收入不平等的影响削弱了减贫效果。②

刘林等以2000~2009年新疆农村收入的分组数据为样本，计算了历年新疆农村FGT贫困指数，分析了新疆农村贫困程度的变化情况，并对新疆农村FGT贫困指数进行了分解，探讨了经济增长、收入分配和贫困变动对新疆农村贫困程度的影响；最后模拟分析各个贫困指标对贫困县变动的敏感程度。③ 结果表明：新疆农村贫困具有一定的阶段性特点，FGT贫困指数分解表明各个阶段影响因素不一，经济增长的减贫效果最为明显，而收入分配状况的恶化则部分抵消了经济增长的减贫作用。刘林等以中国欠发达的西北地区五省的城镇居民的贫困问题作为研究对象，通过对西北五省FGT贫困指数的测算发现，陕西贫困状况的改善最为明显；甘肃和宁夏也有比较明显的减贫

① 王卓：《中国贫困人口研究》，四川科技出版社，2004。

② 赵大利：《1985~2005年湖北省农村贫困测算与模拟分析》，《中南财经政法大学研究生学报》2007年第5期。

③ 刘林、龚新蜀、李翠锦：《边疆地区农村贫困程度的测度与模拟分析——以新疆维吾尔自治区为例》，《统计与信息论坛》2011年第8期。

效果；青海成为西北五省中贫困问题最严重的省份；新疆贫困控制效果差，贫困问题突出。[①] 与全国相比，西北地区仍然是城镇贫困问题最严重的地区。实证分析的结果表明，经济增长的减贫效果最明显，财政支出也具备一定的减贫作用，收入分配不均使得贫困程度加深。经济增长在降低贫困发生率的同时也使得贫富分化加剧。

陈娟通过非参数估计理论拟合收入分布计算贫困指数。[②] 对中国2000~2005年城镇贫困的变动状况进行了研究，并在此基础上，利用收入分布的位置和形状变化分解对引起贫困动态变化的原因进行了深入分析。研究表明：从全国来看，相对贫困人口的数量和贫困人口的收入水平有所改善，但贫困人口之间的收入不平等却有一定程度的恶化。分地区地看：东部地区，收入分配不均使贫困率指数恶化的程度大于经济增长使贫困率指数改善的程度，所以相对贫困人口增加；中部地区，经济增长带来的贫困改善，足以抵消收入分配不均导致的贫困恶化；西部地区，贫困状况恶化较为严重，主要原因一是经济增长速度慢，二是收入分配不均不仅加剧了贫困程度和贫困发生率，也拉大了贫困缺口。

席雪红基于河南省2002~2011年农村居民纯收入分组数据和相对贫困线，应用FGT模型，运用POVCAL软件，实证分析了河南省农村居民相对贫困的变化过程。[③] 研究结果表明：在10年间，河南省农村人口的贫困率在显著下降，贫困人口规模在减少；但因为农村

① 刘林、龚新蜀、李翠锦：《西北地区城镇居民贫困程度的测度与实证分析》，《人口学刊》2011年第6期。

② 陈娟：《我国城镇贫困变动及影响因素研究——基于收入分布拟合及分解模型研究》，《数学的实践与认识》2010年第19期。

③ 席雪红：《河南省农村居民相对贫困动态演化的实证研究》，《安徽农业科学》2012年第18期。

居民收入来源单一，贫困缺口率波动大，基尼系数和 FGT 指数均呈现上升趋势，说明贫富差距增大的同时，农村居民总体贫困程度在不断加深。不仅如此，因为物价上涨，抵消了部分减贫效应。而且农村居民的收入增长速度普遍落后于城镇居民，也使得农村居民的相对贫困在加深。

洪兴建和邓倩对中国农村贫困的动态变化进行了研究。① 该文把中国健康与营养调查（CHNS）的八轮农村家庭调查数据作为样本，基于 FGT 贫困指数变动的分解方法，使用贫困发生率和平方缺口指数对农村贫困进行实证分析，并把贫困变动分解为长期贫困效应、脱贫效应和返贫效应。实证结论表明，首先，虽然长期贫困发生率显著下降，但是长期贫困的平方缺口指数变化不大，反映了贫困人群的脱贫越来越困难。其次，贫困程度的上升主要是由于返贫家庭的增加，而贫困程度的下降则主要源于脱贫家庭的增加；长期贫困的平方缺口指数表现出一定程度的上升；说明脱贫效应是减少贫困的主要因素，返贫效应则是加剧贫困的诱因。最后，匿名性与非匿名性的增长率显示，匿名性低估了低收入阶层的实际收入增长率，从而高估了实际贫困。

林燕娜根据 1989～2009 年 CHNS 中的家庭人均纯收入数据和贫困线标准，利用世界银行公布的 FGT 贫困测度方法，分别计算出我国整体居民、城镇居民以及农村居民的纵向贫困指数，并对贫困问题进行动态分析。② 结论显示，如果按照中国政府公布的贫困线，1989～2009年，农村居民的贫困发生率有较大的波动，但整体呈现下

① 洪兴建、邓倩：《中国农村贫困的动态研究》，《统计研究》2013 年第 5 期。

② 林燕娜：《中国贫困的动态分析——基于 CHNS 数据的经验研究》，《时代金融》2013 年第 12 期。

降趋势，在 1989 ~ 1991 年、1997 ~ 2000 年以及 2006 ~ 2009 年，贫困发生率不降反升；作者经过分析认为这与当时发生的金融危机，即分别于 1997 年和 2008 年发生的两次金融危机在时间上相吻合，说明农村居民也受到金融危机的影响。而其余大部分时间，贫困发生率在缓慢下降。此外，平均贫困缺口与加权贫困缺口有较大的波动，但总体呈上升态势。

陈新和沈扬扬以 2002 ~ 2008 年天津市农村家户数据为样本，分析了天津农村整体及不同经济活动类型农户的贫困规模、深度、强度及变化情况，并对政府两次补贴政策的减贫效果进行了定量检验和评估。[①] 结果表明，首先，虽然天津早在 2002 年消除了绝对的贫困，但以更高的贫困线计算，天津农村贫困现象依然存在；其次，务农农户的贫困规模、深度和强度高于务工农户、兼业农户和非农经营户三类农户；最后，政府补贴政策的实施对务农农户的减贫效果明显，但对其余三类农户的减贫效果不理想。

侯石安和谢玲使用 GQ 模型测算了贵州省 2001 ~ 2012 年农村 FGT 贫困指数，结果表明在 12 年间，贵州省的农村贫困发生率、贫困深度和贫困强度均有显著的下降。[②] 但是与城镇居民收入最低的 10% 群体相比较，贵州农村的贫困程度仍然很深。通过进一步的实证分析表明：第一产业增长和交通运输的发展对贫困的影响并不显著，而非农就业人口的比重变化才是影响贫困状况的关键因素。

---

① 陈新、沈扬扬：《新时期中国农村贫困状况与政府反贫困政策效果评估——以天津市农村为案例的分析》，《南开经济研究》2014 年第 3 期。

② 侯石安、谢玲：《贵州农村贫困程度及其影响因素分析——基于 2001 ~ 2012 年贵州农村 FGT 贫困指数的多维测度》，《贵州社会科学》2014 年第 7 期。

第三节　基本思路、结构和研究内容

一　研究的基本思路和结构

本书研究的基本思路是：以贫困问题为研究对象，以 FGT 模型为分析框架，将小域估计方法与蒙特卡洛模拟方法和自举模拟方法相结合，以中国贫困问题为案例，最终估计出贫困指标的估计值，并比较各种方法得到的估计值的统计特征。

由于很难找到充分的数据来对贫困指标进行测度，所以对于数据很少情况下的贫困测度，我们在第三、第四章通过分析比对介绍了小域估计的一些新的方法。本书涉及两种主要的方法，即基于设计的估计方法和基于模型的估计方法，前一种方法一般采用直接估计和间接估计，后一种方法进一步划分为频率学派和贝叶斯学派。本书重点介绍基于模型的小域估计方法。

本书第四章在介绍基于模型的小域估计理论前沿之后，提出在样本量不足的情况下，运用经验贝叶斯方法进行估计和预测，并在此基础上引出嵌套误差模型。第五章提出基于嵌套误差模型的小域条件下贫困测度的改进方法，首先通过参数自举法（Bootstrap）和 ELL 方法来估计参数的均方误差；其次研究了基于设计和基于模型的模拟实验，得到参数估计量的小样本性质；最后通过模拟实验和利用辅助信息，对现实贫困问题进行随机模拟分析。分析结果表明：均方误差的大量减少与直接的特殊区域估计量和由“模拟”人口普查得到的其他相关估计量有关。第六章介绍了精准扶贫背景下贫困指标测度的大数据特征以及大数据在精准扶贫中的优势，分析了大数据在精准扶贫中的现实意义以及精准扶贫背景下贫困指标的大数据应用。第七章总结了以中国贫困问题为研究对象，估算贫困指标，并运用参数自举法来获取均方误差的估计值。结果显示，经验贝叶斯方法的估计值要优于直接估计值和 ELL 方法估计值。

为了更加直观、简洁地说明研究结构，用一个结构图表示如下（见图 0－1）。

二 研究内容

综上，除去绪论外，本书各章节安排如下。

第一章和第二章介绍贫困指标测度的经典理论和方法。第一章和第二章从四个方面对经典理论和方法进行介绍，分别是阿马蒂亚·森之前的贫困指标测度、阿马蒂亚·森贫困指标测度方法和 FGT 模型及其贫困分解指数的优点、ELL 贫困指标测度方法。从脉络上看，贫困指标的测度随着贫困理论的发展越来越全面、完善，对现实的贫困问题也有了更好的描述。

第三章介绍基于设计的贫困指标测度的小域估计，对小域估计理论做一个概括性的介绍。小域估计方法基本上分为基于设计的方法和基于模型的方法，本章主要介绍基于设计的小域估计，其思想主要是借助辅助信息，通过改进抽样设计、改进估计量来获取数据，主要运用直接估计和间接估计方法来估计参数，直接估计方法可以采用 H－T（Horvitz-Thompson）估计、标准估计量、广义回归估计等；而间接估计方法可以采用合成估计量、组合估计量等方法。在第三章，介绍了几种前沿的基于设计的小域估计方法并对这些方法进行评价。基于设计的小域估计的优点是估计是近似独立于所假定的模型的，

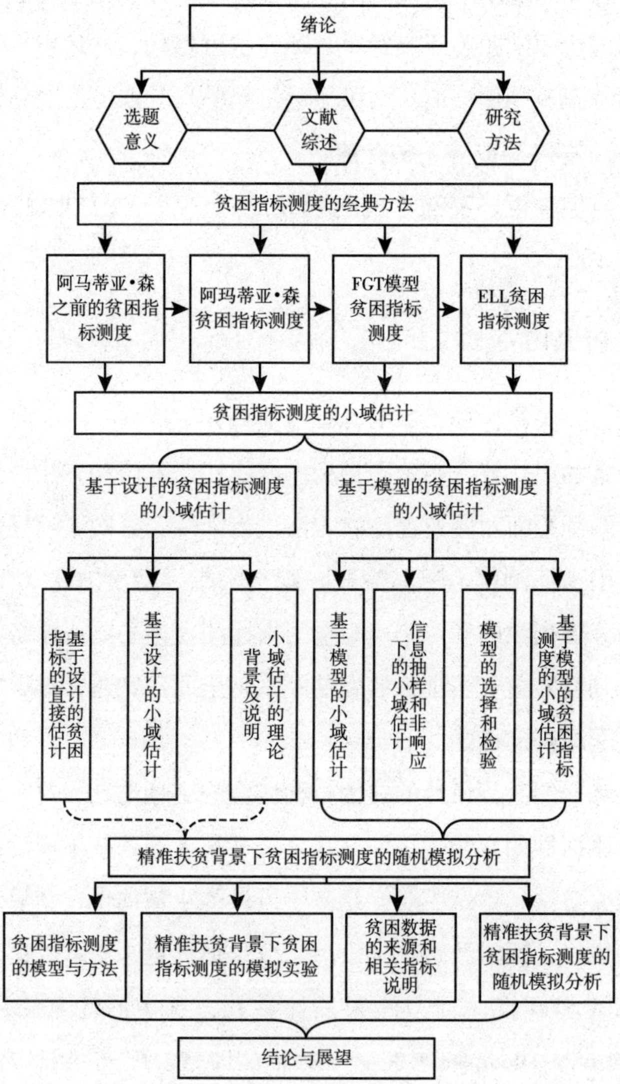
绪论
选题意义
文献综述
研究方法
贫困指标测度的经典方法
阿马蒂亚·森之前的贫困指标测度
阿玛蒂亚·森贫困指标测度
FGT模型贫困指标测度
ELL贫困指标测度
贫困指标测度的小域估计
基于设计的贫困指标测度的小域估计
基于模型的贫困指标测度的小域估计
基于设计直接的贫困指标估计
基于设计的小域估计
小域估计的理论背景及说明
基于模型的小域估计
信息抽样和非响应下的小域估计
模型的选择和检验
基于模型的贫困指标测度的小域估计
精准扶贫背景下贫困指标测度的随机模拟分析
贫困指标测度的模型与方法
精准扶贫背景下贫困指标测度的模拟实验
贫困数据的来源和相关指标说明
精准扶贫背景下贫困指标测度的随机模拟分析
结论与展望

图 0－1　研究逻辑与框架

而且只要样本容量足够大，就能保证模型的稳健性。缺点是直接估计量存在较大的方差，合成估计量方差较小，但普遍是有偏的。组合估计量比合成估计量有更小的偏倚，但是方差更大。基于设计的小域估计存在的约束是它没有进行条件推断。在对基于设计的小域估计进行介绍的基础上引入基于设计的 FGT 模型，并说明在小域条件下如何用基于设计的方法对相应的贫困指标进行直接估计。

第四章介绍基于模型的贫困指标测度的小域估计，相比较而言，基于模型的小域估计比基于设计的小域估计有更加广阔的发展前景。基于模型的小域估计常和三个模型联系在一起，即域水平模型、嵌套误差单元层次模型和混合 Logistic 模型。然后从预测均方误差的估计、预测区间的计算、基准测试、考虑协变量的测量误差、极端值的处理、增加稳健性的不同模型和估计量、顺序域均值的预测等七个方面对基于模型的小域估计的最新进展做了介绍，又考虑信息抽样和非响应下的小域估计，大多暗含抽样域的选择和在选择域内进行抽样设计都是不提供信息的假定，这意味着为总体值假定的模型也适用于不存在抽样偏倚的抽样数据。忽略信息抽样的影响可能使推断产生很严重的偏倚。非随机缺失值（NMAR）也存在这种类似的问题，在随机缺失值存在的情况下，响应值的概率依赖缺失的数据，如果考虑的不合理，这可能又会使预测值发生偏倚。这些问题在经典频率学派和贝叶斯学派方法中都受到了关注。考虑了域的信息抽样和在域内进行信息抽样的问题，其基本思想是对观测数据拟合一个样本模型，然后探讨样本模型、总体模型和样本余集模型（保留非抽样单元的模型）之间的关系，以便得到抽样域和非抽样域的均值的无偏预测。接着讨论了模型的选择和检验，模型的选择和检验是小域估计中主要问题之一，因为模型通常含有不可观测的随机效应。第四章从经典频率学派和贝叶斯学派的角度介绍了用于模型选择和验证的几个最近的研究。这些研究被认为是“普通的”检验方法的补充，这些方法是基于图形表示、显著性检验、预测值和它们预测值的均方误差对似然法和先验分布选择的灵敏度，及抽样域中独立模型的预测值和相关模型的直接估计量的比较。接着引入如何用经验贝叶斯方法对小域条件下贫困指标进行测度，概括了小域条件下 FGT 贫困测度的经验贝叶斯预测方法，此方法的关键在于如何得到 FGT 函数的经验最优贝叶斯预测值，然后用经验贝叶斯预测的蒙特卡洛模拟求出总体的小域参数的均值来推断贫困指标。

第五章一开始介绍一个特殊的超总体模型——嵌套误差线性回归模型，它可以用来估计 FGT 贫困测度经验贝叶斯预测值。然后用蒙特卡洛模拟方法逼近 FGT 模型，再用估计值和逼近值替代待估参数。这个模型也是接着介绍的参数自举的均方误差估计和 ELL 方法这两种改进方法的模型基础。自举法（Bootstrap）就是从一个原始样本中进行有放回的重复采样，采样大小和原始样本大小相同，采样次数根据计算量而定。从每个重新采样的样本中可以计算某个统计量的 Bootstrap 分布，在采样完后需要检查待研究统计量的 Bootstrap 分布是不是符合正态分布。遵循无限总体的 Bootstrap 方法①，可得到参数 Bootstrap 均方误差估计量。这个 Bootstrap 方法可以很容易应用于其他复杂的参数，不必把分离形式作为 FGT 贫困测度。然后拓展了小域条件下 ELL 方法，得到参数 ELL 估计量。

根据前文的理论介绍，第五章根据小域估计理论，从模拟实验的

---

① Febrero M., Galeano P., and González-Manteiga W., “Outlier Detection in Functional Data by Depth Measures, with Application to Identify Abnormal NO_X Levels,” *Environmetrics* 19 (2008): 331 – 345.

角度对贫困指标进行测度，并分别从基于设计的方法和基于模型的方法进行模拟。运用蒙特卡洛（MC）模拟得到经验贝叶斯预测参数(EBPs)，在某种意义上，这种方法提供的预测值是最优的，因为在假定的小域模型下，它能够最小化均方误差，而且，当该变量或它的某种转换形式遵循线性性质时，该方法可以估计几乎任何与有限总体单元相联系的线性和非线性函数的目标值。然而，为了说明应用程序的相关性，我们专注于贫困指标的估计。借助模拟方法，贫困指标的经验贝叶斯预测参数在有偏性和均方误差（MSE）方面表现良好。进一步对均方误差（MSE）的估计提出使用参数自举法，并且通过模拟实验研究它的有偏性，再从应用的角度对贫困指标进行测度和随机模拟分析。

第六章介绍了精准扶贫背景下，大数据在贫困指标测度方面的重要作用。随着社会信息化、数据化、智能化的不断深入，精准扶贫工作不断走向具体和细致，大数据对精准扶贫的支撑作用越来越明显，成为精准扶贫的可行路径和有效支撑。大数据与精准扶贫相互融合，相互促进，达到双赢的目的。

第七章是结论与展望，对研究结论进行总结并指出本书的不足，展望了小域估计的贫困测度方法和模型研究的方向。结论表明：采用经验贝叶斯方法来估测小域里的贫困指标是可行的，采用参数自举法来获取均方误差的估计值具有良好的统计性质，模拟实验的结论显示经验贝叶斯方法的估计值要优于直接估计值和 ELL 方法估计值。在此基础上，进一步说明了 ELL 方法和经验贝叶斯方法的近似之处，当 ELL 方法的采样群相对较小时，会生成一个完整的采样群，也可由自举法生成相应的统计数据，以计算贫困指标的估计值。重复运行多次自举程序得到贫困指标的多个模拟值，把贫困指标模拟值的均值作为贫困指标的测度值，而 ELL 方法比直接估计方法的效率略低一些。

第四节　创新之处

尽管有关贫困指标测度的研究并不鲜见，但采用小域估计的方法对贫困指标进行估计或测度的研究，在国内尚不多见。本书的主要创新之处包括以下三个方面。

一是在小域条件下对贫困指标进行测度，弥补了在数据很少、数据缺失甚至没有数据情况下的贫困指标测度问题。

二是在没有普查数据的情况下，运用小域估计的方法，结合蒙特卡洛模拟实验和参数自举模拟方法能够得到稳健的估计量。而且小域估计方法对贫困指标测度进行了修正，保证了贫困指标估计量的准确性和测量误差范围的可控性。

三是引入小域估计方法对贫困指标进行测度，因为小域估计可以节省大量的人力物力，所以使得动态监测贫困问题成为可能，推而广之，小域估计也可以应用到其他调查的测度中，比如犯罪调查、气象观测、地方病防治等领域的测度。

第一章
贫困指标测度经典理论

第一节　阿马蒂亚·森之前的贫困指标测度

在阿马蒂亚·森的理论和贫困指标体系出现之前，对贫困的测度是比较简单和直观的，而且也一直没能形成系统的评价体系，当时评价贫困的指标比较单一，较早反映收入分配公平程度的指标是基尼系数，是20世纪初意大利学者科拉多·基尼根据洛伦茨曲线所定义的判断收入分配公平程度的指标。基尼指数是指基尼系数乘以100作百分比表示。因此，基尼系数的实际数值只能介于0和1之间。基尼系数越小收入分配越平均，基尼系数越大收入分配越不平均。但该指标还不是专门反映贫困问题和贫困特征的。

在1976年，当时经济合作与发展组织对其成员国做了一次大规模的经济调查。在该调查完成后，提出了一个贫困标准，即以一个国家或地区社会中人口收入的平均水平或中位数的50%作为该国家或地区的贫困线，这就是国际贫困线的由来。国际贫困线的界定实际上采用的是一种收入比例法。以相对贫困作为理论基础。现在世界银行把人均月消费38美元确定为贫困线，或日均消费1.25美元。

除国际贫困线之外，各个国家也界定了自己国家的贫困线，如中国借鉴了国际贫困线划分的思想，又综合了世界银行和联合国扶贫开发的相关机构的标准，并结合中国的现实情况划分了中国的贫困线。改革开放伊始的1978年，按照当时的贫困线，中国有2.5亿贫困人口。改革开放数十年来，中国政府多次上调国家扶贫标准，2009～2011年更是连续3年上调。2009年，国家扶贫标准从2008年的1067元上调至1196元，2010年随CPI上涨而再次上调至1274元。按此标准，贫困人口为2688万人，但这一标准是极低的。到了2011年，中国农村的贫困线定为农民人均纯收入2300元（2010年不变价），使得贫困人口按这一标准计算又达到1.28亿人。但是，在2012年，东部一些发达省份已经提高了扶贫标准，例如浙江把扶贫线定为4600元，江苏4000元，辽宁3200元等，31个省份中有14个省份提高了扶贫标准。

第二节　阿马蒂亚·森贫困指标体系及贫困理论

一　阿马蒂亚·森贫困指标及贫困理论概述[①]

在现代贫困理论的奠基人阿马蒂亚·森（简称“森”）的著作《贫困与饥荒》中，森提出了自己的贫困理论以及贫困指标体系，因

① 〔印度〕阿玛蒂亚·森：《贫困与饥荒》，王宇、王文玉译，商务印书馆，2001，第185～242页。

本书重点在于贫困指标的测度，故对森的贫困理论我们不做详细介绍。为了便于对森的贫困理论进行了解，我们首先交代一些相关的贫困指标，定义如下。

贫困人口：收入水平低于贫困线的人被视为穷人。

贫困人口比率：一个社会中穷人的数量与该社会中总人口的比值为贫困人口比率，也将其称为贫困发生率（贫困率），本书如不特别说明，一般用贫困发生率说明贫困人口比率。

贫困缺口：对于单个穷人来说，其收入与贫困线的差额视为贫困缺口；用来测定贫困的强度。

贫困缺口总额（或总收入缺口）：一个社会中所有穷人的贫困缺口之和被视为总收入缺口。

贫困缺口率：实际缺口总额与理论最大缺口总额之比，反映贫困缺口的相对大小。

相对贫困：指与一个国家或地区的平均收入水平相比其收入水平少到一定程度时维持的生活状况，区域内各阶层人群之间或某阶层内部也存在收入差异。相对贫困的标准并不统一，比如，有些国家把低于平均收入40%的人口归于相对贫困组别，西欧的某些国家把低于平均收入60%的人口归于相对贫困，世界银行把收入低于平均收入1/3的人口归为相对贫困人口。

相对贫困发生率：通常是按一定比例将一部分人口界定为生活在相对的贫困之中。比如，有些国家把低于平均收入40%的人口归于相对贫困组别；世界银行的看法是只要社会成员收入低于平均收入的1/3便可以视为相对贫困，按此标准，相对贫困发生率 = 低于整个国家或地区平均收入1/3的人数 ÷ 该国家或地区总人口数。

综合上述定义，森的贫困指数定义为 $P = H[I + (1 - I)G]$，这里，P 是贫困指数；H 表示贫困人口的比率；G 表示贫困人口的基尼系数；I 表示贫困人口的平均纯收入与贫困线收入的差距，除以贫困线收入所得出的比率。森指数很好地克服了原来只用贫困线作为衡量贫困标准的不足，因为把贫困线作为唯一的标准忽略了穷人的贫困程度；此外，原标准无法度量贫困人口内部经济状况改善的情况，因为只要穷人的收入水平没有超过贫困线，对贫困人口比率就没有影响。所以，森指数改变了原来的标准，将人口数量、收入水平以及收入的分布结合在一起，就能够比较全面地反映贫困程度。

森提出了贫困度量的核心公理。森认为的贫困度量方法应该满足单调性公理、弱传递性公理和核心公理。其思想简要叙述如下。单调性公理即在其他条件不变的情况下，贫困线以下的某个人的收入减少，必然意味着贫困度量值的增加。弱传递性公理即财富从一个较富的人向一个穷人转移，而且收入转移后二者都不跨越贫困线，那么贫困度量值必然会变小。核心公理是基于如下观点提出的，即贫困的度量是穷人的事，而不是整个国家的普遍性贫困，它不能反映相对贫困状况，即要消除穷人的收入缺口需要多大比例的富人收入转移，因为即使穷人仍像原来一样贫困，当富人变得更富有时，要消除穷人的收入缺口需要富人转移收入的比例就会变小。

二　对阿马蒂亚·森贫困理论的评述

实际上，贫困人口比率既不满足单调性公理，也不满足弱传递性公理。贫困人口比率不会因为一个穷人的收入下降而变化，也不会随弱传递性公理中所设想的收入转移而变化。事实上，反向的收入转移，即从穷人向比较富的人的收入转移，要么使贫困人口比率保持不变，要么使其下降，但永远也不会使其上升。贫困缺口率满足单调性公理，但是，当某个穷人总是落在贫困线之下，它不满足弱传递性公理。因此，贫困人口比率和贫困缺口率的任何函数都无法满足弱传递性公理。事实上，对于穷人之间的收入分配变化，贫困人口比率和贫困缺口率都是不敏感的。贫困人口比率和贫困缺口率的特点也决定了这一事实，即贫困的度量与贫困线之上的人的收入水平无关。

尽管阿马蒂亚·森在贫困理论的研究以及贫困指数的设计方面做出了开创性的贡献，但森指数依然存在一些缺点。

第一个缺陷是理论基础不明确，由于阿玛蒂亚·森的贫困指数是用一定的、预先确定好的贫困线下的人口作为贫困的共同标准，理论基础不明确，忽视了贫困人口内部的贫困水平的差异性和多样性，并且忽视了贫困群体的贫困程度。

第二个缺陷是森指数不能分解和度量。要将总体的贫困状况看作各个子群贫困水平的加权平均，这种对贫困水平进行分解的衡量方法要符合如下标准，即在其他条件不变的情况下，一个子群贫困程度的增加会引起整体贫困的增加。如果能够得到一个子群贫困状况的变化引起整体贫困数量级变化的估计量或者子群贫困状况对整体贫困状况的影响百分比估计量，就最好了。然而，目前存在的对贫困水平分解的衡量方法是不充分的，因为它违反了森提出的一个或多个基本性质。换句话说，符合森提出的标准的所有方法都是不能分解的。实际上，森提出的方法和其他依赖排序权重的方法都不能符合一个子群贫困程度的增加必会引起整体贫困增加的这项基本条件。

第二章
贫困指标测度经典模型与方法

第一节 FGT 模型及其贫困分解指数的优点

一 FGT 模型

1984 年 Foster et al. 最先探讨了贫困指标测度的一种分解方法，后来人们把他们的这种贫困测度的方法称为 FGT 贫困测度。① 在 20 世纪八九十年代直到 21 世纪初，这种方法被世界银行和其他一些国家和地区所采用，这种贫困指标测度的方法在森的研究基础上，完善并发展了森的方法。下面我们对 FGT 模型进行简要介绍。

设 $Y = (y_1, y_2, \cdots, y_n)$ 是对日常收入以升序排列的矢量，假设 $z > 0$ 是预先设定的贫困线，$g_i = z - y_i$ 是第 i 个家庭的收入缺口，$q = q(y, z)$ 是收入贫困者的数量（收入不多于 z），$n = n(y)$ 是家庭收入的总量。将贫困测度量 P 定义为：

① Foster J., Greer J., and Thorbecke E., "A Class of Decomposable Poverty Measures," *Econometrica* 52 (1984): 761 - 766.

$$P(y,z) = \frac{1}{nz^2}\sum_{i=1}^{q} g_i^2 \quad (2.1)$$

根据森的理论，贫困是一种标准化的穷人收入缺口的加权和。与森的理论相比，贫困测度量 P 采取排序权重的方法，将收入缺口本身作为权重。贫困取决于贫困家庭实际收入与贫困线的差距，并非取决于给定收入与贫困线收入之间的差距。

尽管在衡量上有基本的差异，一些森的理论研究中很突出的观点也证明 P 的正确性。例如，森提出越贫穷的家庭，所占权重越高。显然 P 满足这样的要求。另外，森认为权重应以贫困家庭体验的相对贫困为基础。在《相对剥夺与社会正义》中，相对贫困的不同方面包括相对贫困的程度、被他人剥夺的享有财富的权利以及被剥夺人所处困境的差异程度。贫困人群渴望的处境是指能够有足够的收入来满足常规的各种最基本需求。① 相对贫困的程度与家庭的收入落差有关。P 的衡量方法和相对贫困紧密相关。

森已经明确表达贫困指数需满足以下两条公理。

单调性公理：在其他条件不变的情况下，贫困家庭收入的减少必会引起贫困程度的增加。

传递性公理：在其他条件不变的情况下，贫困家庭收入向任意比该家庭收入高的家庭转移时，必会引起贫困程度的增加。

P 满足以上两条公理。同时 P 运用了一个众所周知的不平等方法——平方变异系数。令 $H = q/n$ 表示贫困发生率，$I = \sum_{i=1}^{q} g_i/(qz)$ 表示收入差距比，$C_P^2 = \sum_{i=1}^{q}(\bar{y}_p - y_i)^2/(q\bar{y}_p^2)$ 表示平方变异系数，得到：

① Runciman W. G. , *Relative Deprivation and Social Justice* (Berkeley, CA: University of California Press, 1966).

$$P(y,z) = H[I^2 + (1-I)^2 C_P^2] \tag{2.2}$$

平方变异系数 C_p^2 便是对应 P 的不平等程度，因为根据 P 的定义，将 q、z 代替 n、$\bar{y}$（y 的均值）便得到 C_p^2。

从（2.2）式和 C_P^2 的性质可以看出，无论收入水平高低，一种既定的转移对 P 产生相同的影响。卡瓦尼曾提出一种强调在最贫困的人之间传递的性质。①

传递敏感性公理： 如果从一个收入为 y_i 的贫困家庭向收入为 $y_i + d$ 的贫困家庭传递收入 t（$t>0$），y_i 越大，造成贫困加深的程度越小。

对于每个 α，令 P_α 定义为：

$$P_\alpha(y,z) = \frac{1}{n}\sum_{i=1}^{q}\left(\frac{g_i}{z}\right)^\alpha \tag{2.3}$$

指数 P_0 是贫困发生率 H；P_1 为 HI，是收入差距的标准化指数。设置 $\alpha = 2$ 得到指数 P。参数 α 被看作贫困厌恶指数。更大的 α 给予更贫困的人。当 α 非常大时，根据“罗尔斯主义”，P_α 只考虑最贫困家庭的处境。这种指数的性质可概括如下。

当 $\alpha > 0$ 时，贫困指数 P_α 满足单调性公理；当 $\alpha > 1$ 时，满足传递性公理；当 $\alpha > 2$ 时，满足传递敏感性公理。

y_i 降低会引起 g_i 增加，说明当 $\alpha > 0$ 时，贫困指数 P_α 满足单调性公理。为证实传递性公理，将任何从贫困家庭到比该家庭收入高的家庭的收入传递看作以下两种传递的组合：①从贫困家庭传递到仍在贫困线下的贫困家庭，②从贫困家庭传递到处于或高于贫困线的家庭。对于 $\alpha > 1$，在贫困收入矢量中，P_α 的严格凸性证实了（2.1）

① Kakwani N. C., “Measurement of Poverty and the Negative Income Tax,” *Australian Economic Papers* 16（1977）: 237–248.

式。经检查，(2.2) 式的传递使 P_α 增大，可知当 $\alpha > 2$ 时，P_α 满足传递敏感性公理。

可分解性： 假设按照有序收入矢量 $y^{(j)}$ 和人口规模 n_j，可将总体分为 m 个家庭组，$j=1, 2,\cdots,m$。

通过家庭组分析贫困变化，以下公理作为满足一致性的要求。

子群单调性公理： 令 $\hat{y}$ 为收入 y 的矢量估计，在子群 j 中 $y^{(j)}$ 由 $\hat{y}^{(j)}$ 估计，n_j 不变。如果 $\hat{y}^{(j)}$ 比 $y^{(j)}$ 更贫困，那么 $\hat{y}$ 比 y 贫困水平更高。

如果一个既定的子群中收入变化（其余子群保持不变），子群单调性公理要求子群和整体的贫困变化按照相同的方向移动。按照这个标准，森的理论对子群贫困分析不能很好地吻合。因为在某些情况下它们违背了一致性的要求。另外，P_α 满足子群单调性公理，甚至符合可分解性公理。

为了进一步说明，将任意收入矢量 y 分解为子群收入矢量 $y^{(1)},\cdots,y^{(m)}$：

$$P_\alpha(y,z) = \sum_{j=1}^{m} \frac{n_j}{n} P_\alpha(y^{(j)},z) \tag{2.4}$$

P_α 是根据人口份额权重得到的，并且是可分解的。由于 (2.4) 式的可分解性，可对子群贫困变化对总体贫困变化的影响进行数量与质量上的评估。事实上，子群中贫困程度的增加会按照人口份额 n_j/n 的变动速度引起整体贫困程度的增加。人口份额越大，影响程度越高。数量 $T_j = (n_j/n)P_\alpha(y^{(j)},z)$ 是子群贫困缺口的整体贡献值。$100^{T_j}/P_\alpha(y,z)$ 是子群 j 的贡献率。

二　FGT 贫困分解指数的优点

建立在 FGT 模型基础上的贫困指数在森贫困指数的基础上进行

了改进，并且发展了森的理论。主要体现在三个方面：

（1）按人口份额权重进行分解，即满足可分解性，改变了原来森指数不能分解度量的问题；

（2）满足单调性、传递性和传递敏感性公理；

（3）相互传递贫困的思想是合理的。

第二节　ELL贫困指标测度方法

一　ELL方法的基本思想

Elbers et al. 最早于2003年从微观层面上探讨了贫困与不平等的关系，探讨了如何从家庭层面对贫困指标进行测度，并提出一种新的测度方法，后来人们把这种方法简称为ELL方法①。该方法近些年逐渐被一些政府部门、官方机构和世界银行所借鉴，其基本思想表述如下。

设 W 为单一家庭层次的变量 y_h 分布下的贫困指标或不均衡指标。通过使用相对较小但是数据量更丰富的样本，我们对变量 y_h 和协变量向量 x_h 的联合分布进行估计。针对那些能够在更大范围内进行采样的家庭数据，这一方法限定了一系列描述性变量，由此生成的估计值的分布将能够用于生成变量 y_h 的分布，这一分布主要是针对子群某特征下的较大采样群体。由此，可以生成 W 的条件分布，特别是

① Elbers C., Lanjouw J. O., and Lanjouw P., "Micro-level Estimation of Poverty and Inequality," *Econometrica* 71 (2003): 355 - 364.

它的点估计值和预测误差。

该文以厄瓜多尔为例，研究结果表明基于家庭层面的福利估计值的精度与那些基于调查数据得到的福利估计值的精度相当，他们的采样群体只有 15000 户，相当于一个城镇的规模。这对于基于调查数据的估计值来说是一个巨大的提升，因为对这类估计值来说，只有当采样群体规模在数十万甚至于数百万的情况下所获得的估计值才是连续有效的。

二　ELL 模型的基本形式

（一）消费模型

首先需要考虑的是生成一个精确的变量 y_{ch} 的经验模型，采样群体 c 中的人均家庭消费变量 h。这里先考虑变量 y_{ch} 的线性近似值的条件分布：

$$\ln y_{ch} = E(\ln y_{ch} \mid x_{ch}^T) + \mu_{ch} = x_{ch}^T\beta + \mu_{ch} \tag{2.5}$$

其中，干扰向量 $\mu \sim F(0,\Sigma\varepsilon)$。值得指出的是，与很多经济计量学思想不同的是，$\beta$ 并不是仅仅为了获得变量 x 对 y 的直接影响。因为调查估计值将用于改进人口普查数据的错误，如果参数中存在未知的模型变量，将采用那些最能体现大规模人口普查的采样群体。这一点有助于说明群体的现实特征。

为了能够说明在干扰特性中的群体内部间关系，引入下式：

$$\mu_{ch} = \eta_c + \varepsilon_{ch} \tag{2.6}$$

其中，η 和 ε 是彼此独立的，而且跟观测值 x_{ch} 无关。残差效果会很大程度上降低福利估计值的精确度，所以在消费数据中针对采样个体的设置和对变量 x_{ch} 的结构进行注解就显得非常重要。观察到在相关的案例中，居民层面的采样个体的均值的设置是非常有用的。调查数据中采样群体与人口普查的调查区域是相呼应的。因此，调查区域中所有用户的财富都可以进行运算，并且合并到较小的采样数据中。因为它们之中包含了丰富的家庭数据，相比仅仅通过调查群体所获得的家庭数据而言，通过这种方法所获得的财富指标设置受到较少的干扰。

在公式（2.6）中对 β 的初步估计值是通过 OLS 获得的。这里的回归残差量为 $\hat{\mu}_{ch}$ 。一般来说家庭调查的群体数据量都很小，不足以对群体干扰中的异方差产生影响。不过，干扰项部分的方差 $\sigma^2(\varepsilon_{ch})$ 能以一种可变方式呈现。在使用连续估计值变量 β 的情况下，由下式分解得来的残差变量 e_{ch} ：

$$\hat{\mu}_{ch} = \hat{\mu}_{c\cdot} + (\hat{\mu}_{\partial h} - \hat{\mu}_{c\cdot}) = \hat{\eta}_c + e_{ch} \tag{2.7}$$

可用于估测 ε_{ch} 的方差。

这里给出一个逻辑公式：

$$\sigma^2(z_{ch}, \alpha, A, B) = \frac{Ae^{z_{ch}^T\alpha} + B}{1 + e^{z_{ch}^T\alpha}} \tag{2.8}$$

其中，上下边界 A 和 B，可以随向量参数 α 一起，通过使用一个极大似然估计程序进行估计。这种函数运算避免了负值和极大预测方差。

接下来需要模拟残差变量条件 η 和 ε 。可以通过群体残差量 $\hat{\eta}_c$ 和标准家庭个体残差量来设定它们的适当分布：

$$e_{ch}^* = \frac{e_{ch}}{\hat{\sigma}(\varepsilon_{ch})} - \left[\frac{1}{H}\sum_{ch}\frac{e_{ch}}{\hat{\sigma}(\varepsilon_{ch})}\right] \tag{2.9}$$

相应的，其中的 H 为观测值。e_{ch}^* 是结合（2.6）式、（2.7）式和

(2.8) 式对 e_{ch} 进行的修正。可以通过直接获取残差的标准差来避免生成额外的假定分布。另外，残差的标准差的经验分布百分位数可以与标准正态值、变量 t 的百分位数进行对比，或是与其他的分布进行对比。估测的方差 - 协方差矩阵，通过家庭户拓展数据进行权重加权，用以生成参数和它们方差的广义最小二乘（GLS）估计值。

（二）福利估计

尽管将这一整体分解后可能会朝向任意的一个方向，为了便于讨论，这里将群体设定为“乡村”。在村庄 v 中共有 M_v 户家庭，其中家庭 h 拥有 m_h 个家庭成员。为了便于研究由人口规模函数所决定的福利估计值的特性，假定每个家庭的特征变量 x_h 和家庭规模 m_h 都是相互独立的由一个村子常态分布函数 $G_v(x,m)$ 中获得，即超级总体方法。

由于用于观测的家庭消费数据都是典型的家庭户数据，对于家庭中个体的贫困情况和财富不均衡程度考虑得更多一些。于是有 $W(m_v,X_v,B,u_v)$，其中 m_v 是村子 v 里家庭规模的 m_v 向量，X_v 是一个具备可观测特征的 $m_v\times k$ 矩阵，u_v 是 m_v 向量的一个扰动项。

对于目标群体而言，由于向量的扰动项 u_v 是未知的，通过村子中可观测特征的家庭和消费模型来对指标值进行估测。这一预期值表示为：

$$\mu_{v\sum_{i=1}^{n}X_i^2} = E(W\mid m_v,X_v,\zeta_v) \tag{2.10}$$

其中，ζ_v 是模型参数，包括那些对扰动项分布进行描述的向量。对于大部分的贫困测量值 W 可以被表述为辅助可分离的家庭贫困率函数 $W(x_h,B,u_h)$，而 μ_v 可以被表述为：

$$\mu_v = \frac{1}{N_v}\sum_{h\in H_v} m_h \int_{\mu_h} w_h(x_h,\beta,\mu_h)\,dF^{vh}(\mu_h) \tag{2.11}$$

其中，H_v 是村子 v 的集合，$N_v = \sum_{h\in H_v} m_h$ 是个体的总和，F^{vh} 是村子 v 中家庭 h 的干扰项的边缘分布。当 W 为非均衡性度量时，独立一户家庭的数值贡献值依赖于其他家庭的富裕程度，此时的 W 则是不可分割的。于是就会需要一个更一般化的公式：

$$\mu_v = \int_{\mu_1}\cdots\int_{\mu_{M_v}} W(m_v,X_v,\beta,\mu_v)\,dF^{v}(\mu_{M_v},\cdots,\mu_1) \tag{2.12}$$

其中，$\mu_1,\cdots,\mu_{M_v}$ 是村子 v 中 M_v 家庭的干扰项。

在构建 μ_v 的估计值时，用来自第一阶段的消费回归变量估计值 $\hat{\zeta}_v$ 来代替 ζ_v。于是得到 $\hat{\mu}_v = E(W|m_v,X_v,\hat{\zeta}_v)$。由于从这一方法得来的数据难以满足需求，所以人们经常采用模拟法或多组数据整合的方式以获取估计值 $\tilde{\mu}_v$。估计值误差的这一分量是由第一阶段估计值的属性所决定，所以它并不会随着目标群体规模的变化而自动变化。

三　ELL 模型的评述

ELL 方法是基于家庭数据对贫困指标进行测度，主要通过建立消费模型对家庭消费函数进行分解，然后通过辅助可分离的家庭贫困率函数来测算贫困指标的大小。该方法是基于当时的理论进展，将收入和财富的分布情况重又拉回到增长与发展理论的显著位置，成为社会经济特定成果的决定因素之一。然而，针对这些因素之间关系的重要性的经验调查往往因为缺少高效的数据分布而被搁置。尽管针对家庭的调查数据能够将收入和消费情况纳入数据分布的计量之中，但是这样的采样数据不够集中，所以要么它们不具有代表性，要么由于采样量偏小而不能生成令人满意的估计值。与此同时，来自人口普查的数据（或是其他大规模采样样本数据）虽然具有足够的采样群体，能够对数据进行分解处理，但是这些数据之中要么本身没有居民的收入信息和消费信息，要么就是针对这些信息进行度量的变量品质低下。这里给出了一种统计程序，将这些类型的数据进行整合，从而能够将家庭采样调查数据的翔实性和人口普查数据的大覆盖面都利用起来。这种方法将小域统计理论在对采样群体参数估计值方面的应用进行了拓展，此处的采样参数估计值与潜在的变量之间是非线性函数关系，这些估计值是由这些变量的总体分布得来的。[①]

① Ghosh M., and Rao J. N. K., "Small Area Estimation: An Appraisal," *Statistical Science* 9 (1994): 55–76; Rao R. P. N., and Ballard D. H., "Predictive Coding in the Visual Cortex: A Functional Interpretation of Some Extra-Classical Receptive-Field Effects," *Nature Neuroscience* 2 (1999): 79–87.

第三章
基于设计的贫困指标测度

第一节　小域估计的理论背景及说明

一　小域估计的理论背景

域是总体中需要单独给出估计的子总体，也称为研究域，简称为域。在抽样调查中，如果一个域中所抽取的样本量足够大，则可以利用该样本信息，采用抽样理论和方法对子总体中感兴趣的参数进行估计。但是，如果在一个域里所抽取的样本量不够大，甚至样本量为零时，此时，若采用常规的抽样理论和方法，就不能得出有足够精确度的直接估计，甚至不能得到直接的估计。我们把这样的域称为“小域”。这里的“小”并非单纯指地理概念意义上的小，而是指样本量太小，不足以提供要求的精确度。小域可以是某一地理区域，如城市商业中心区（CBD）、郊区、开发区等；也可以是具有某种人口学特征的区域，如按年龄、民族、性别、文化程度、收入等指标进行分类后得到的小区域。涉及通用领域的词汇有贫困地图、疾病地图等，可通过在地图上标识不同的颜色以定义不同的等级以便评估贫困程度或疾病发生率。对于大部分的小域估计问题来说，点估计量和误差测定都需要针对不同区域进行单独操作，而不是一概而论地对所有区域进行统一考虑。

由于落入小域的样本量很少甚至为零，因而利用传统的直接估计方法无法得到小域参数的有效估计。因此有必要采用适当的模型，从总体或相邻的区域以及附属信息“借势”，从而对小域的特征进行估计。如何利用现有调查信息，在获得总体参数可靠估计的基础上得到小域特征的有效估计，即为小域估计问题。小域估计问题最早出现于11 世纪的英国，早期的研究主要集中在人口统计学领域。当代，小域估计问题已经被广泛地应用于农业统计、医疗卫生统计、社会统计及商业统计等各个领域，成为决策者制定政策和规划项目、分配财政资金等的重要依据。同时，现代数理统计学众多优秀的研究成果，如推断统计学、混合模型、多水平模型以及贝叶斯理论等在小域估计中的应用，使得小域估计在理论和应用上得到了快速的发展。小域估计已经成为统计学科一个重要的研究方向。

根据估计时所采用的样本信息，小域估计可分为直接估计方法和间接估计方法。直接估计方法是指仅利用目标小域的样本数据进行推断的估计方法。直接估计往往用来获得大总体或较大区域的总量和均值的可靠估计，而小域估计由于小域中的样本量很少甚至为零，用直接估计方法会产生很大的误差，不能得到有效的估计。直接估计虽然可以通过利用辅助信息对估计量进行改进，可在一定程度上提高小域的目标变量的估计精度，但是无法从根本上解决小域估计的问题，尤其是当小域中的样本量为零时，直接估计就无能为力了。间接估计方法是指充分利用其他小域的样本信息，并通过建立统计模型进行小域特征估计的方法。间接估计方法提高了小域内样本的有效性，同时也提高了小域的目标变量的估计精度。

小域估计方法按照模型统计推断的依据，可分为基于设计的方法和基于模型的方法。基于设计的方法的统计推断建立在随机化分布的基础上，因而与抽样方法有关。基于模型的方法则将样本看作相互独立的随机变量的观察值，因而与抽样方法无关。基于设计的方法和基于模型的方法的共同特征是，它们须借助辅助变量的信息来构建估计模型。辅助变量的信息可以通过大型调查或者一些行政记录获得。

基于设计的估计方法的明显优点是估计很少依赖于所设的模型，虽然模型是为了估计而构造的。但基于设计的方法也存在许多缺点。这主要表现在：第一，由于域内样本量偏少，因而直接估计量普遍存在较大的方差；第二，基于设计的模型不适宜进行条件推断；第三，基于设计的模型不能对未抽取样本的小域进行估计。

Small Area Estimation 是小域估计理论与方法的经典教材，该研究详细介绍了小域估计的基本理论和之前的方法及应用。[①] 随后的研究对小域估计的最新进展和未来发展方向进行了介绍。[②] 进入 21 世纪，小域估计在理论和应用方面取得了令人瞩目的成果，正如 Pfeffermann 所言，“2002 年，我发表了一篇题目类似于本文的综述性论文，当时，小域估计在理论和应用上蓬勃发展，但我的感觉是，该问题在理论上的研究已接近尾声，接下来就是该理论在抽样调查实践中的常规应用。但 9 年过去了，我的判断是完全错误的。如今，

① Rao J. N. K., *Small Area Estimation* (New York: Wiley, 2003).

② Pfeffermann D., “Small Area Estimation-New Developments and Directions,” *International Statistical Review* 70 (2002): 125 - 143.

不但该问题在理论研究上快速发展，而且，一些著名的统计学家，他们之前并不从事抽样调查理论的研究与应用，也加入这一领域的研究中……”①

二　对小域估计相关符号的说明和注释

考虑一个容量为 N 的总体 U，将其分为 M 个独立有限的域 $U_1 \cup U_2 \cup \cdots \cup U_M$，在第 i 个域中含有 N_i 个单元，其中 $\sum_{i=1}^{M} N_i = N$。假定可以获取的样本构成 $m \leq M$ 个小域，并用 $s = s_1 \cup \cdots \cup s_m$ 来定义整个样本，s_i 为第 i 个抽样域，n_i 为第 i 个抽样域的样本容量，其中 $\sum_{i=1}^{m} n_i = n$。

注意 n_i 是随机的，除非是在域中有计划地抽取固定大小的样本。用 y 来定义受关注的特征量，并用 y_{ij} 来表示第 i 个域中的第 j 个单元的响应值，其中 $i = 1,2,\cdots,M$，$j = 1,2,\cdots,N_i$。样本均值为 $\bar{y}_i = \sum_{j=1}^{n_i} y_{ij}/n_i$，不失一般性，我们假定样本由最初的 n_i 个单元组成。用 $X_{ij} = (x_{1ij},x_{2ij},\cdots,x_{pij})'$ 来表示相关单元 (i,j) 的协变量值，用 $\bar{x}_i = \sum_{j=1}^{n_i} x_{ij}/n_i$ 来表示样本均值的列向量。真实域均值向量为 $\bar{x}_i = \sum_{j=1}^{N_i} x_{ij}/N_i$，域的目标参量用 θ_i 来表示；例如 $\theta_i = \overline{Y}_i = \sum_{j=1}^{N_i} y_{ij}/N_i$ 代表相应的域均值。特殊情况是当 y_{ij} 为二进制时，估计值是一个比例值。在其他应用中，θ_i 也可以代表一个总数或一个分位数。

① Pfeffermann D.，“New important Developments in Small Area Estimation，” *Statistical Science* 28（2013）：40 – 68.

第二节　基于设计的小域估计

一　常用的基于设计的方法

基于设计的小域估计方法是两种基础方法之一，其思想主要是借助辅助信息，通过改进抽样设计、改进估计量来获取数据，主要运用直接估计和间接估计方法。直接估计方法可以采用 H－T（Horvitz-Thompson）估计、标准估计量、广义回归估计等，而间接估计方法可以采用合成估计量、组合估计量等方法。因为许多学者对这些方法做过介绍，本书不再赘述，我们只介绍近些年关于此方法的发展。统计学家 Lehtonen 和 Veijanen 在 2009 年发表了一篇在小域估计领域中关于基于设计的方法的综述性文章。① 本书只概述一些基本的思想。假定样本是通过不放回随机抽样获得的，且受关注的目标量是均值 $\overline{Y}_i$ 。作为特殊情况，估计均值包含比例估计和域分布 $F_i(t)=\sum_{j\in U_i} v_{ij}/N_i$ 的估计，域分布中 $v_{ij}=I(y_{ij}\leq t)$ ，在这里 $I(A)$ 是指示函数。域分布的百分位数估计值一般是从所估计的分布中得到的。

如果无法得到协变量，在样本量为 n_i 的随机分布下给出域均值和它的条件设计方差的直接设计无偏估计量：

$$\begin{cases}\bar{y}_{ij}=\sum_{j=1}^{n_i} y_{ij}/n_i \\ V_D(\bar{y}_i \mid n_i)=(S_i^2/n_i)[1-(n_i/N_i)]\end{cases} \tag{3.1}$$

① Lehtonen R., and Veijanen A., "Design-Based Methods of Estimation for Domains and Small Areas," *Handbook of Statistics* 29（2009）: 219－249.

这里 $S_i^2 = \sum_{j=1}^{N_i}(y_{ij} - \overline{Y}_i)^2/(N_i - 1)$，直接表示仅仅使用从某个特定时间的目标域中获得的数据来得到的估计量。方差 $Var_D(\bar{y}|n_i)$ 是 $o(1/n_i)$，并且因为 n_i 很小，方差通常是比较大，除非 S_i^2 充分小。

接下来，假设协变量通过 $X_{1ij} \equiv 1$ 来观察。利用协变量信息的一个常用估计量是合成估计量：

$$\hat{\bar{y}}_{reg,i}^{syn} = \overline{X}'_i\hat{B} = \frac{1}{N_i}\sum_{j=1}^{N_i}(X'_{ij}\hat{B}) \tag{3.2}$$

这里 $\hat{B} = (\sum_{i=1}^{m}\sum_{j=1}^{n_i}x_{ij}x_{ij}')^{-1}\sum_{i=1}^{m}\sum_{j=1}^{n_i}x_{ij}y_{ij}$ 是最小二乘估计量。在不放回式随机抽样情况下，$\hat{B}$ 是由测量值计算得出的回归系数向量 B 的近似设计无偏一致估计，这里不考虑总体中的 y 与 x 之间是否为线性关系。这里的设计无偏性和一致性是相对于随机分布来说的，同时让 N 和 n 增加到无穷大。如果随机偏差随着样本量的增加逐渐趋于 0，则这个估计量是近似设计无偏的。合成是指由全部域所计算的一个近似设计无偏估计量（当前为 $\hat{B}$）分别用于每一个域中，且假定这些域在估计的数量上是均匀的。因此，合成估计量是从其他相似的域来获得信息，故而它们是非直接估计量。

比起简单的样本均值或其他的直接估计量，如回归估计量 $\hat{\overline{Y}}_{reg,r}^{dir} = \bar{y}_i + (\overline{X}_i - \bar{x}_i)'\hat{B}_i$，这里，$\hat{B}_i$ 只利用了第 i 个域中的观察数据计算得到。合成估计量的明显优势是 $Var_D(\hat{\overline{Y}}_{reg,i}^{syn}) = o(1/n)$，且 $n = \sum_{i=1}^{m}n_i$ 通常很大。合成估计的运用通常需要在总体中通过具有相同系数向量的 y 关于 x 构成的线性回归模型来进行。然而，对于 $X_{1ij} \equiv 1$ 来说，$E_D(\hat{\bar{y}}_{reg,i}^{syn} - \hat{\overline{Y}}_i) \cong -\overline{X}'_i(B_i - B)$，这里 B_i 是由第 i 个域中所有的总体值计算得到的最小二乘估计量。因此，如果实际应用中不同域的回归系数 B_i 也不同，合成

估计量可能会有很大的偏差。当样本是在不等概率的情况下选取时，在(3.2)式中的最小二乘估计量 $\hat{B}$ 一般会被概率加权（PW）估计量所取代，即 $\hat{B}_{pw} = (\sum_{i=1}^{m}\sum_{j=1}^{n_i} w_{ij}x_{ij}x'_{ij})^{-1}\sum_{i=1}^{m}\sum_{j=1}^{n_i} w_{ij}x_{ij}y_{ij}$。其中，$\{w_{ij} = 1/\Pr[(i,j) \in s]\}$ 是初始抽样权重。

为了处理合成估计量可能存在的较大偏差，通常我们会先估计出偏差，然后再从合成估计量中消除这个偏差。生成的调查回归估计量采用形式为：

$$\hat{\bar{Y}}_i^{S-R} = X'_i \bar{B}_{pw} + \frac{1}{N_i}\sum_{j=1}^{n_i} w_{ij}(y_{ij} - x'_{ij}\hat{B}_{pw}) = \hat{\bar{Y}}_{i,H-T} + (\bar{X}_i - \hat{\bar{X}}_{i,H-T})'\hat{B}_{pw} \quad (3.3)$$

这里（$\hat{\bar{Y}}_{i,H-T}, \hat{\bar{X}}_{i,H-T}$）是（$\bar{Y}_i, \bar{X}_i$）的 H－T（Horvitz-Thompson）估计量。当协变量具有良好的预测性时，估计量是近似设计无偏的且表现良好，但是方差却又取决于 $o(1/n_i)$，我们通常通过使用偏差的修正值 $\sum_{j=1}^{n_i} w_{ij}(y_{ij} - X'_{ij}\hat{B}_{pw})/N_i$ 乘以 $N_i/\sum_{j=1}^{n_i} w_{ij} = N_i/\hat{N}_i$ 来减小方差。

合成估计量存在的较大偏差与调查回归估计量存在的较大方差可以通过两者的线性组合来消除。生成的组合估计量可以定义为：

$$\hat{\bar{Y}}_i^{COM} = \delta_i \hat{\bar{Y}}_i^{S-R} + (1-\delta_i)\hat{\bar{Y}}_{reg,i}^{syn}, \quad 0 \leqslant \delta_i \leqslant 1 \quad (3.4)$$

理论上，系数 δ_i 应该用来使得 $\hat{\bar{Y}}_i^{COM}$ 的均方误差最小，但是实际上非常精确地估计出所给域的偏差往往是不可能的。因此，通常规定 δ_i 取决于域中的样本量 n_i，n_i 越大，δ_i 越大。随后 Rao 研究分析了其他组合估计量的论述和确定 δ_i 的方法。①

① Rao J. N. K., *Small Area Estimation* (New York: Wiley, 2003).

二　基于设计的小域估计的一些新发展

目标层估计量通过校正初始抽样权重 ω_{ij} 来获得。假定总体可被分成 C 个校正组 $U = U_{(1)} \cup \cdots \cup U_{(C)}$，且整个组的总辅助变量为 $t_{x(c)}$，由此每个域 U_i 为其中一个组。用 $S = S_{(1)} \cup \cdots \cup S_{(C)}$ 来表示样本的分组。在特殊情况下有 $C = 1$ 和 $U_{(1)} = U$，校正的均值 $\overline{Y}_i$ 估计量为：

$$\overline{Y}_i^{cal} = \sum_{j=1}^{n_i} w_{ij}^c y_{ij} / N_i \tag{3.5}$$

其中：

$$\sum_{i,j \in s_{(c)}} w_{ij}^c x_{ij} = t_{x(c)}$$

通过使用校正权重 $\{w_{ij}^c\}$，以使它们与初始权重 $\{w_{ij}\}$ 之间的适当距离达到最小，并满足约束条件：$\sum_{i,j \in s_{(c)}} w_{ij}^c x_{ij} = t_{x(c)}$。例如，当使用距离 $\chi^2 = \sum_{i,j \in s_{(c)}} (w_{ij}^c - w_{ij})^2 / w_{ij}$ 和 $x_{1ij} \equiv 1$ 时，校正权重是 $w_{ij}^c = w_{ij} g_{ij}$。

其中：

$$g_{ij} = 1 + (t_{x(c)} - \hat{t}_{x(c),H-T})' (\sum_{i,j \in s(c)} w_{ij} x_{ij} x'_{ij})^{-1} x_{ij} \tag{3.6}$$

这里 $\hat{t}_{x(c),H-T}$ 是 $t_{x(c)}$ 的 H－T 统计量。当 $U_c = U_i$ 时，$\hat{\overline{Y}}_i^{cal}$ 是较熟知的域广义回归估计量（GREG）。

抽样权重的校正广泛使用在抽样调查实践中，不仅仅用于小域。根据综合性的评论，小域估计校正估计量使用的依据是，如果对于 $U_{(c)}$ 来说，y 是 x 的近似线性组合，然后对于 $i \in U_c$，$\overline{Y}_i \cong \overline{X}_i B_{(c)}$，并且由于 $\sum_{i,j \in s_{(c)}} w_{ij}^c x_{ij} = t_{x(c)}$，则认为 $\hat{\overline{Y}}_i^{cal} = \sum_{j=1}^{n_i} w_{ij}^c y_{ij} / N_i$ 是对 $\overline{Y}_i$ 的较好估计

量。① 实际上，比较估计量（3.2）后，估计量（3.5）的好处是它是由模型辅助得到的，这个模型假定在组 $U_{(c)}$ 内有共同的回归系数，而不是由估计量（3.2）所呈现的整个域。估计量（3.5）在任何模型中都是近似设计无偏的，但是 $Var_D(\hat{\bar{Y}}_i^{cal} | n_i) = o(1/n_i)$ 可能仍旧比较大。

校正权重的另外一种方法是通过工具变量的使用。② 用 h_{ij} 表示单元 (i,j) 的工具向量。修正的权重定义为：

$$\begin{cases} w_{ij}^{ins} = w_{ij}(1 = g'_c h_{ij}) \\ g'_c = (t_{x(c)} - \hat{t}_{x(c),H-T})' (\sum_{i,j \in s_{(c)}} w_{ij} h_{ij} x'_{ij})^{-1} \end{cases} \tag{3.7}$$

注意只需要知道 $S_{(c)}$ 里边的抽样单元的工具变量值和 $\sum_{i,j \in s_{(c)}} w_{ij}^{ins} x_{ij} = t_{x(c)}$，同样满足先前的约束条件。$\bar{Y}_i$ 的修正估计量现在变成了 $\hat{\bar{Y}}_{i,ins}^{cal} = \sum_{j=1}^{n_i} w_{ij}^{ins} j_{ij}/N_i$。当 $h = x$ 时，$w_{ij}^{ins} = w_{ij}^{c}$。工具变量的使用替换了通过提出修正权重结构作为适当的距离函数的研究，且在原则上允许我们在保证修正估计量方差的近似值最小化的情况下找到最好的工具变量。然而生成的最优权重依靠未知的总体量，这些总体在由样本估计时可能产生不稳定的估计量，随后也有进一步的讨论。③

① Kott P. S.，“Calibration Weighting: Combining Probability Samples and Linear Prediction Models,” *Handbook of Statistics* 29（2009）: 55 - 82.

② Estevao V. M.，and Särndal C. E.，“Borrowing Strength is not the Best Technique Within a Wide Class of Design-Consistent Domain Estimators,” *Journal of Official Statistics* 20（2004）: 645 - 669; Estevao V. M.，and Säarndal C. E.，“Survey Estimates by Calibration on Complex Auxiliary Information,” *International Statistical Review* 74（2006）: 127 - 147.

③ Kott P. S.，“Calibration Weighting: Combining Probability Samples and Linear Prediction Models,” *Handbook of Statistics* 29（2009）: 55 - 82.

合成估计量、调查回归估计量和以上所考虑的各种修正估计量都是由辅助模型求出的，这些模型假定在 y 与 x 之间存在线性关系。这些估计量只需要知道样本单元的协变量和这些协变量的域合计量。将广义线性模型（GLM）[①] 或广义线性混合模型（GLMM）[②] 的使用作为辅助模型，这些辅助模型要求了解总体中每个元素的协变量。假定带有未知向量参数 φ 的一些非线性函数 $f(\cdot)$ 的 $E_M(Y_{ij}) = f(x_{ij},\varphi)$，这里 $E_M(\cdot)$ 为模型的期望。一个重要的例子是 $f(x_{ij},\varphi)$ 为 Logistic 函数的时候。通过伪似然（PL）方法估计 φ，会产生估计量 $\hat{\varphi}_{pl}$ 和预测值 $\hat{y}_{ij} = f(x_{ij},\hat{\varphi}_{pl})$。PL 方法包含在人口普查情况下由相应的 H－T 统计量（或根据它的抽样权重来对每一个记分函数加权）获得估计似然方程，然后由此产生估计方程的解。

合成的和广义回归估计量可以由下式计算得出：

$$\begin{cases} \hat{\bar{Y}}^{syn}_{GLM,i} = \dfrac{1}{N_i}\sum_{j=1}^{N_i} f(x_{ij},\hat{\varphi}_{pl}) \\ \hat{\bar{Y}}^{GREG}_{GLM,i} = \hat{\bar{Y}}^{syn}_{GLM,i} + \dfrac{1}{N_i}\sum_{j=1}^{n_i} w_{ij}[y_{ij} - f(x_{ij},\hat{\varphi}_{pl})] \end{cases} \tag{3.8}$$

进一步的扩展是包括辅助模型中的随机域效应，假定：$E_M(y_{ij}|x_{ij},u_i) = f(x_{ij},u_i,\varphi^*)$，$E_M(u_i) = 0$，$Var_M(u_i) = \sigma_u^2$。

确定参数 φ^*、σ_u^2 和随机效应 u_i 的估计。目前在模型中，不考虑样本权重。扩展合成的和广义回归估计的估计量同（3.8）式的定义

① Lehtonen R., Särndal C. E., and Veijanen A., "The Effect of Model Choice in Estimation for Domains, Including Small Domains," *Survey Methodology* 29 (2003): 33－44.

② Lehtonen R., Särndal C. E., and Veijanen A., "Does the Model Matter? Comparing Model-Assisted and Model-Dependent Estimators of Class Frequencies for Domains," *Statistics in Transition* 7 (2005): 649－673.

相似，只是用 $f(x_{ij},\hat{u}_i,\hat{\varphi}^*)$ 代替了 $f(x_{ij},\hat{\varphi}_{pl})$ 。对于充分大的样本量 n_i ，扩展的广义回归估计量（GREG）对于真实的域均值是近似设计无偏的，但是在考虑随机效应预测情况下，并不清楚如何去估计设计（随机的）方差。可以比较基于线性无偏预测得出的均方误差和由线性混合模型得出的均方误差。[①]

独立模型估计量是在随机分布下随着样本量的增加设计一致的估计量。[②] 基本的思想是塑造直接估计量 $\hat{\bar{Y}}_{iw} = \sum_{j=1}^{n_i} w_{ij}y_{ij}/\sum_{j=1}^{n_i} w_{ij}$ 来代替个别观察值 y_{ij} ，然后采用模型下域均值的经验最优预测值。

如果考虑广义二层模型 $E_M(\hat{\bar{Y}}_{iw} \mid u_i) = \xi_i = \xi(u_i,\hat{\bar{X}}_{iw},\varphi)$ 。这里 u_i 是具有零均值和方差 σ_u^2 的独立随机域效应，$\hat{\bar{X}}_{iw} = \sum_{j=1}^{n_i} \omega_{ij}x_{ij}/\sum_{j=1}^{n_i} \omega_{ij}$，$\xi(\cdot)$ 是带有未知参数 φ 的已知函数。经验最优预测值是在模型条件下使得二次预期损失最小的预测值，但是含有由模型一致估计量表示的参数 φ ，即 $\hat{\bar{Y}}_i^{EBP} = E_M(\xi_i \mid \hat{\bar{Y}}_{iw},\hat{\bar{X}}_{iw},\hat{\varphi})$ 。估计量在模型是正确的且稳健的前提下，显示是设计一致的，对于充分大的样本量 n_i 是设计一致的，即使模型是非稳健的，也可通过控制使估计量是稳健的。

该方法对有限的样本量 n_i 塑造了预测均方误差的估计量，其带有所要求的规则 o（$1/m$）的偏倚，这里 m 是抽样域的数量。预测均方误差（PMSE）是由适用于个别观察值的模型计算得出，并在随机分布下进行。在小域估计中设计一致估计量的使用虽然在一些或所有

① Torabi M., and Rao J. N. K., "Small Area Estimation Under a Two-Level Model," *Survey Methodology* 34 (2008): 11-16.

② Jiang J., and Lahiri P., "Estimation of Finite Population Domain Means: A Model-Assisted Empirical Best Prediction Approach," *Journal of the American Statistical Association* 101 (2006): 301-311.

域中的小样本量是有点疑问的，但是它却是合乎要求的性质。因为经常存在某种情况，在一些域中样本量很大，即使模型失效，估计量至少在这些大样本域中会表现良好。在大样本中带有较大随机偏倚的估计量对大多数研究人员没什么吸引力。

基于模型的直接估计量的应用，其基本思想是为总体值拟合一个模型，计算权重，然后使用与所给域相关的权重来计算一个近似估计量。为总体值 Y_U 拟合的模型是广义线性模型①：

$$\begin{cases} Y_U = X_U\beta + \varepsilon_U, E(\varepsilon_U) = 0 \\ E(\varepsilon_U \varepsilon'_U) = \begin{pmatrix} \sum_{ss} & \sum_{sr} \\ \sum_{rs} & \sum_{rr} \end{pmatrix} \end{cases} \tag{3.9}$$

模型（3.9）中 s 表示样本量 n，r 表示剩余样本量（$N-n$）。而接下来所分析的，模型（3.10）和（3.12）定义的小域估计中常用模型是（3.9）的特殊情况。

用 y_s 表示样本产生的列向量，$t_y = \sum_{k=1}^{N} y_k$ 贝叶斯线性无偏预测值是：

$$\hat{t}_y^{BLUP} = l'_n y_s + l'_{N-n}[X_r \hat{\beta}_{GLS} + \sum_{rs} \sum_{ss}^{-1} (y_s - X_s \hat{\beta}_{GLS})] = \sum_{k \in s} w_k^{BLUP} y_k \tag{3.10}$$

这里 $l_n{}'$ 是长度为 n 的行向量，X_s（X_r）是与抽样（非抽样）单元相关的设计矩阵，$\hat{\beta}_{GLS}$ 是广义最小二乘估计值。

目前，假定以上所考虑的全部估计量是一个带有随机域样本量的抽样设计。当目标域提前给出时，可以通过修正抽样设计来实现，特

① Chandra H., and Chambers R., "Multipurpose Weighting for Small Area Estimation," *Journal of Official Statistics* 25 (2009): 379-395.

别是通过控制这些域的样本量。

针对多元的小域估计提出了一般性方法，以保证域估计量的抽样误差比先前指定的阈值更低。这个方法把合理抽样技术的使用和GREG的估计联系起来，也可以考虑，对合成估计量和基于模型估计量的使用进行扩展。本方法应用的成功取决于对方差表达式中残值加权和的良好预测，由此导致总体样本容量太大的情况也有可能发生，但是，这依然是一种比较有前景的方法，值得我们进一步探索。

三　基于设计的小域估计的优点和缺点

基于设计的估计方法的明显优点是估计是近似独立于所假定的模型的，虽然模型是为了估计量的构造而建的。对这些域内的大样本量，在随机分布下估计量是近似无偏一致的，根据之前的讨论，这是合理的性质，这个性质至少在大样本量下可以保证模型的稳健性。

基于设计的小域估计尽管存在上述优点，但依然存在许多缺点。

直接估计量普遍因为样本量较小而存在较大的方差。调查回归估计量是近似无偏的，但同样容易发生变动。合成估计量方差较小，但是普遍是有偏的。组合估计量比合成估计量有更小的偏倚，但是方差更大，且对于合成估计量和无偏估计量权重的确定，要如何更好地甄别出来不是很容易。基于随机的置信区间的计算一般要求大样本条件下的正态假定，但是在一些域中的样本容量很小而不能拟合渐近正态。

基于设计的推断的另一个限制是它没有进行条件推断，例如，以协变量或一个二层抽样设计中的抽样值为条件。这会使得估计量的方差变大。在频率学派和贝叶斯学派方法中，条件推断是经典统计推断的核心。

基于设计的小域估计的重要约束是没有发现在不存在样本的域中进行估计的理论，因为所有的估计理论都是在有样本的域中进行估计的。随机分布的使用没有扩展到预测问题，例如针对没有样本的域，小域均值的预测。虽然经常出现样本是在少数域里可以得到的情况，但是无论是否抽样，每一个域都要求得到域中相应指标的估计量和均方误差（MSE）估计量。

第三节　基于设计的贫困指标的直接估计

一　小域条件下 FGT 模型

我们在第二章第一节介绍了 FGT 模型，说明 FGT 模型相较于森的贫困模型有很多优良的性质，其中很重要的一个优点是贫困指标可以分解。但在第二章第一节我们考虑的是一般情况下贫困指标的估计问题，并未涉及样本量较小的情况，本节我们考虑小域情况下一种最简单的估计方法——直接估计法。

假设一个样本容量为 N 的有限总体，被分为样本容量分别为 $N_1,\cdots,N_D$ 的 D 个小域，让 E_{dj} 表示小域 D 的个体 j 的适当的福利定量测度值，如收入或支出；用 z 表示固定的贫困线，即在临界值 z 之下的 E_{dj} 被认为是“低于贫困的”。对于每个小域 d，家庭的 FGT 贫困测度被定义为域均值：

$$F_{ad} = \frac{1}{N_D}\sum_{j=1}^{N_d} F_{adj}\,,\ d = 1,\cdots,D \tag{3.11}$$

其中：

$$F_{adj} = \left(\frac{z - E_{dj}}{z}\right)^{\alpha} I(E_{dj} < z)\ ,\ j = 1,\cdots,N_d,\alpha = 0,1,2 \tag{3.12}$$

这里，如果 $E_{dj} < z$（人们在贫困线下），$I(E_{dj} < z) = 1$；如果 $E_{dj} \geqslant z$（人们不在贫困线下），$I(E_{dj} < z) = 0$。当 $\alpha = 0$ 时，F_{ad}是指贫困发生率；当 $\alpha = 1$ 时，F_{ad}测量贫困缺口指数；当 $\alpha = 2$ 时，F_{ad}表示贫困缺口指数的平方，用来测量贫困强度，其数值较大（显著不为0）表明不同区域的贫困程度差异也很大。

实际上，从计算来看，对于 $\alpha = 0$ 的 FGT 测度等于总体值 $\{E_{dj}, j = 1, \cdots, N_d\}$ 在 z 点评估的经验分布函数：$F_{1d} = \frac{1}{N_d}\sum_{j=1}^{N_d} I(E_{dj} < z)$。

二　贫困测度的直接估计量

在推理过程中，样本容量为 $n < N$ 的一个随机样本来自一个按照特殊的取样设计的总体，令 Ω 表示总体单元的指数的集合，令 $s \subset \Omega$ 表示样本中被选中的单元的指数的集合，$r = \Omega - s$ 表示未被选中的单元的指数的集合，样本容量为 $N - n$。Ω、s 和 n 到域 d 的约束分别由 Ω_d、s_d 和 n_d 来表示，$n = n_1 + \cdots + n_D$。注意，如果域 d 不是抽样的，$n_d = 0$。对于小域的直接估计量仅仅使用来自目标小域的样本数据，对于一个取样范围，F_{ad} 的直接估计量是非加权样本均值：

$$\hat{F}_{ad} = \frac{1}{n_d}\sum_{j \in s_d} F_{adj}, \ d = 1, \cdots, D, \ \alpha = 0,1,2 \tag{3.13}$$

令 ω_{dj} 表示来自样本域 d 的个体 j 的样本权重（包含概率的倒数），则 F_{ad} 的近似设计无偏估计量是加权的样本均值：

$$\hat{F}^{\omega}_{ad} = \frac{1}{\hat{N}_d}\sum_{j \in s_d} \omega_{dj} F_{adj}, \ d = 1, \cdots, D, \ \alpha = 0,1,2 \tag{3.14}$$

这里，$\hat{N}_d = \sum_{j \in s_d} \omega_{dj}$ 是容量为 N_d 的总体的样本域 d 的设计无偏估

计量，如果取样权重 ω_{dj} 不依赖于单元 j，由于这发生在各个域内简单随机取样情况下，$\omega_{dj} = n_d/N_d$ ，$j = 1, \cdots, N_d$ ，则（3.14）式简化为非加权的样本均值（3.13）式。

在一些取样域内，有限样本容量 n_d 阻止估计量的使用。实际上，贫困通常的含义是怎样区分处于贫困线下的人，比如国家统计局采用恩格尔系数在60%以上为贫困。根据这一定义，处于贫困线下的结果很可能具有很低的发生率，并且，在这种情况下，直接估计量变得更加低效。因此，对于小域的贫困测度的可靠估计要求小域估计技术的应用。[①] 通过运用基于与目标福利变量相关联的辅助信息（人口普查或官方数据）在小域间建立关系模型，这种技术改善了小域估计过程。这些模型运用来自其他域的相关资料提供非直接估计量，只要模型假定成立，这会大大减少估计误差。模型的检验应该是非直接估计方法的主要部分。

① Rao J. N. K.，*Small Area Estimation*（New York：Wiley，2003）.

第四章 基于模型的贫困指标测度

第一节　基于模型的小域估计

一　一般公式与常用模型

近年来，在小域估计领域，各种新的难题不断涌现，相应地，具有革新性和针对性的解决方案不断出现，推动着小域估计在理论研究和应用方面的发展，成为抽样调查乃至统计学领域的一个热点问题。特别是，基于模型的小域估计方法由于模型的良好特性以及应用上的广泛性，成为小域估计研究与应用中最为活跃的部分。本书对近年来基于模型的小域估计在理论研究和应用中的最新成果进行介绍和评述，并对该领域未来的发展进行展望。

基于设计的算法和基于模型的算法的共同特征是，它们都会用到辅助协变量信息，这些数据可以通过大型调查或者一些行政记录，像普查数据、登记记录之类来获得。有些评估量仅仅需要抽样单位的协变量资料以及这些协变量的区域均值。其他估计量从群中所有单元取样。小域估计（SAE）的辅助信息非常重要，因为受样本本身数据量所限，即使再详尽的模型，如果它没能提供一套针对小域群具有很好预测能力的协变量，也起不到多大的作用。

基于模型的小域估计方法针对抽样数据假定了一个模型，并使用模型中最优或近似最优的受关注的域特征预测值。预测误差的 MSE 同样是相对于模型来定义和估计的。

需要注意的是，现在使用的是“预测”而不是估计，因为目标特征在模型中普遍是具有随机性的。模型的使用克服了基于设计的小域估计方法的使用所存在的问题，但我们再次强调，即使最精细的模型，在样本量很小和不具有良好预测性的协变量的时候都不能产生足够精确的预测值。模型的使用增加了对可能不稳健的模型来推断其稳健性的问题。

用 θ_i 表示第 i 个域中的目标量。用 y_i 表示第 i 个域中的观察值，用 x_i 表示协变量（可以获得时）的相应值。很明显地，或者 y_i 是数量值，而 x_i 是一个向量；或者 y_i 是一个向量，相应的 x_i 通常是一个矩阵。典型的小域模型包含两部分：第一部分模型是 $\{y_i|\theta_i,\varphi_{(1)}\}$ 分布，第二部分模型是 $\{\theta_i\ |x_i,\varphi_{(2)}\}$ 的分布。将 $\theta_i s$ 连结到已知的每一个协变量，这是通过模型随机效应实现的，模型随机效应考虑了不能被协变量解释的 $\theta_i s$ 的可变性。超参数 $\varphi=\{\varphi_{(1)},\varphi_{(2)}\}$ 通常是未知的，或者是通过频率学派的方法，或者通过建立合理的先验分布的贝叶斯方法来进行估计。一些应用中，指标 i 可以定义时间，在这种情况下 $\{\theta_i|x_i,\varphi_{(2)}\}$ 的模型是时间序列模型。

在这一部分，我们简单地讨论一下常用的三个模型，小域估计的最近发展基本是和这些模型相关的，或者是它们的外推。①

假定适用于样本数据的模型和总体的模型是相同的，以便没有样本选择偏差。选择抽样域的信息或选择抽样域内的抽样信息，要凭借相关变量的样本选择或响应概率进行，即便是考虑了模型协变量的条件后也是如此。需要注意的是一般情况下，样本模型不同于总体模型。

（一）域水平模型

该模型广泛应用于当协变量信息只在域水平时，以使 x_i 是已知的域特征向量。最初研究的小域估计模型②定义为：

$$\tilde{y}_i = \theta_i + e_i, \theta_i = x'_i\beta + u_i \tag{4.1}$$

这里 $\tilde{y}_i$ 表示 θ_i 的直接样本估计量（例如，当样本通过简单随机抽样取样时样本均值为 $\bar{y}_i$ ），e_i 表示抽样误差，假定有零均值和已知设计（随机）方差，$Var_D(e_i) = \sigma^2_{D_i}$ 。

随机效应 u_i 假定是独立的，且带有零均值和方差 σ^2_u 。对于已知 σ^2_u ，模型中 θ_i 的最佳线性无偏预测值是：

$$\hat{\theta}_i = \gamma_i \tilde{y}_i + (1-\gamma_i)x'_i\beta_{GLS} = x'_i\hat{\beta}_{GLS} + \gamma_i(\tilde{y}_i - x'_i\hat{\beta}_{GLS}) = x'_i\hat{\beta}_{GLS} + \hat{u}_i \tag{4.2}$$

① Rao J. N. K., *Small Area Estimation* (New York: Wiley, 2003); Jiang J., and Lahiri P., "Estimation of Finite Population Domain Means: A Model-Assisted Empirical Best Prediction Approach," *Journal of the American Statistical Association* 101 (2006): 301-311; Jiang J., and Lahiri P., "Mixed Model Prediction and Small Area Estimation," *Test* 15 (2006): 1-96.

② Fay Robert E., and Herriot R. A., "Estimates of Income for Small Places: An Application of James-Stein Procedures to Census Data," *Journal of the American Statistical Association* 74 (1979): 269-277.

最佳线性无偏预测值 $\hat{\theta}_i$ 是以组合估计（4.2）式为形式，但是有一致（缩减）的相关系数 $\gamma_i = \sigma_u^2/(\sigma_u^2 + \sigma_{D_i}^2)$，这是 $x'_i\hat{\beta}_{GLS}$ 和 $\tilde{y}_i$ 的预测误差分别求的方差的比例 $\sigma_u^2/\sigma_{D_i}^2$ 的函数。相关系数 γ_i 最好地表明了被分配到合成估计量 $x'_i\hat{\beta}_{GLS}$ 和 $\tilde{y}_i$ 的权重，不像基于设计估计量的权重是用一个更加特别的方式来分配的。注意，最佳线性无偏预测值（BLUP）性质不要求说明前两部分以外的误差项的分布，$\hat{\theta}_i$ 也是这种情况下得到的线性贝叶斯预测值。在误差项的正态性和 β 的离散非一致先验假定下，$\hat{\theta}_i$ 是 θ_i 的贝叶斯预测值（后验均值）。对于非抽样域 k，$x'_k\hat{\beta}_{GLS}$ 是 BLUP 最佳的获得。

实际上，方差 σ_u^2 很少被知道，且在 γ_i 和 $\hat{\beta}_{GLS}$ 里通过样本估计替换，同时产生所知的经验学派方法下的经验最佳线性无偏预测值（EBLUP），或假定正态时的先验贝叶斯预测。后来的预测值是 θ_i 的后验均值，但是由样本估计替换的方差，这个样本估计是从所给方差的直接估计的边缘分布中获得的。或者，一个人也可以通过假定 β 和 σ_u^2 的先验分布和计算给出有效数据的 θ_i 的后验分布来计算分层贝叶斯（HB）预测值。后验分布可以被用于点预测和置信区间的计算。

从上文的回顾我们可以看到，合成估计量 $x'_k\hat{\beta}_{GLS}$ 和最佳线性无偏预测值 $\hat{\theta}_i$ 严格意义［即 $E(\hat{\theta}_i - \theta_i) = 0$］上在 y_i 和 θ_i 的联合分布下是无偏预测值，但是在有条件 u_i 时，是有偏的。预测值 $\hat{\theta}_i$ 也是在随机分布情况下有偏。u_i 的条件意味着在不同域假定有不同的固定截距项，且模型中 $\hat{\theta}_i$ 的无偏性通过观察随机截距项来实现。

此外，经常会有这种情况，针对 $\hat{\theta}_i$ 的转换定义联立模型。例如，事实上假定在（4.1）式内 $\ln(\theta_i) = x'_i\beta + u_i$，并使用直接估计量

$\tilde{y}_i = \ln(\bar{y}_i)$，然后预测 θ_i 为 $\exp(\tilde{\theta}_i)$，这里 $\tilde{\theta}_i$ 是模型中 $\ln(\theta_i)$ 的 EBLUP。[①] 然而，$\exp(\tilde{\theta}_i)$ 不是 $\theta_i = \exp[\ln(\theta_i)]$ 的 BLUP。另一方面，经验贝叶斯（EB）和分层贝叶斯（HB）方法产生了 θ_i 的最佳预测值，即使联立模型使用了 θ_i 的转换，带有或没有直接估计量的相似转换。在这个方面，后两种方法更加灵活，并且适应性更广泛，但是需要更进一步的参数假定。

（二）嵌套误差单元层次模型

该模型使用 y_{ij} 代表个体观测值，y_i 代表对应的一个向量，且 x_i 一般是一个矩阵。对小域估计来说，这个模型的使用要求域均值 $\bar{X}_i = \sum_{j=1}^{N_i} x_{ij}/N_i$ 已知。小域估计模型[②]的形式为：

$$y_{ij} = x'_{ij}\beta + u_i + \varepsilon_{ij} \tag{4.3}$$

这里 u_i（随机效应）和 ε_{ij}（残差项）是相互独立的，都是零均值，方差分别为 σ_u^2 和 σ_ε^2。在模型中，真实的小域均值是 $\bar{Y}_i = \bar{X}'_i\beta + u_i + \bar{\varepsilon}_i$，但是由于对于充分大的 N_i 来说 $\bar{\varepsilon}_i = \sum_{j=1}^{N_i} \varepsilon_{ij}/N_i \cong 0$，目标均值经常被定义为 $\theta_i = \bar{X}'_i\beta + u_i = E(\bar{Y}|u_i)$。

对已知方差（σ_u^2，σ_ε^2），θ_i 的最佳线性无偏预测值（BLUP）是：

$$\hat{\theta}_i = \gamma_i[\bar{y}_i + (\bar{X}_i - \bar{x}_i)'\hat{\beta}_{GLS}] + (1-\gamma_i)\bar{X}'_i\hat{\beta}_{GLS} \tag{4.4}$$

---

① Fay Robert E., and Herriot R. A., "Estimates of Income for Small Places: An Application of James-Stein Procedures to Census Data," *Journal of the American Statistical Association* 74 (1979): 269 – 277.

② Battese G. E., Harter R. M., and Fuller W. A., "An Error-Components Model for Prediction of County Crop Areas Using Survey and Satellite Data," *Journal of the American Statistical Association* 83 (1988): 28 – 36.

这里 $\hat{\beta}_{GLS}$ 是运用广义最小二乘（GLS）方法从所有观察值计算出的 β 的估计值，$\bar{x}_i = \sum_{j=1}^{n_i} x_{ij}/n_{ij}$ 和 $\gamma_i = \sigma_u^2/(\sigma_u^2 + \sigma_\varepsilon^2/n_i)$ 。对于无样本的域 k（$\bar{X}_k$ 已知），有关样本域中均值 $\bar{Y}_i$ 的最佳线性无偏预测值（BLUP）是 $\hat{\theta}_k = \bar{X}'_k \hat{\beta}_{GLS}$ 。①

（4.4）式的最佳线性无偏预测值也是在误差项满足正态性和 β 的离散不一致情况下的贝叶斯预测值（后验均值）。由样本估计出 γ_i 和 $\hat{\beta}_{GLS}$ 内的方差 σ_u^2 和 σ_ε^2 替换相应的经验最佳线性无偏预测值（EBLUP）或经验贝叶斯（EB）预测值。分层贝叶斯（HB）预测值可通过 β 的特殊先验分布、两个方差的计算以及 θ_i（或 $\bar{Y}_i$）的后验分布，由所有域中所有的样本观测值的来获得。

（三）混合 Logistic 模型

先前的两个模型假定存在连续的响应。现在假定 y_{ij} 是二元的，取值为 1 或 0，这种情况下，大部分小域通常是按比例或计数的。比如，在某区域中失业人员所占的比例或总量。广义线性混合模型（GLMM）开始应用于小域估计②中，并逐步广泛地应用在此类问题上：

$$\begin{cases} \Pr(y_{ij} = 1 \mid p_{ij}) = p_{ij} \\ \operatorname{logit}(p_{ij}) = x'_{ij}\beta + u_i, u_i \sim N(0, \sigma_u^2) \end{cases} \tag{4.5}$$

响应值 y_{ij} 在所给的随机效应 u_i 情况下假定是条件独立的，且对于随机效应也是一样的。目的是取预测真实域比例 $P_i = \sum_{j=1}^{N_i} y_{ij}/N_i$ ，

① Rao J. N. K., *Small Area Estimation* (New York: Wiley, 2003).

② Farrell P. J., MacGibbon B., and Tomberlin T. J., "Empirical Bayes Small-Area Estimation Using Logistic Regression Models and Summary Statistics," *Journal of Business & Economic Statistics* 15 (1997): 101 - 108.

用 $\varphi = (\beta, \sigma_u^2)$ 表示模型参数。

对于这个模型，二次损失函数的最佳预测没有明确表达式。但是最佳预测可以在数量上估计出两个一维积分的比例，即对于 $\hat{p}_i^{BP} = E\ (p_i \mid y_i,\ x_i,\ \varphi)$。[①] 根据各种估计方法，产生了经验贝叶斯预测值，$\hat{p}_i^{EBP} = E(p_i | y_i, x_i, \hat{\varphi})$，这里 EB 预测也具有相同的假定。

模型中整个 HB 方法的应用包含以下基本步骤。

Ⅰ. 说明 σ_u^2 和 β 的先验分布。

Ⅱ. 从 β、σ_u^2 和 $u_1, u_2, \cdots, u_m$ 的后验分布来生成观察值，比如通过马尔可夫链蒙特卡洛（MCMC）抽样模拟方法，并得出许多的结果 $\{\hat{\beta}^{(r)}, \sigma_u^{2(r)}, \hat{\beta}_i^{(r)}\}$，其中 $r = 1, \cdots, R, i = 1, \cdots, m$。从而，在 $k \in s_i$ 情况下，$y_{ik}^{(r)} \sim p_{ik}^{(r)} = \dfrac{\exp(x'_{ik}\beta^{(r)}) + u_i^{(r)}}{1 + \exp(x'_{ik}\beta^{(r)}) + u_i^{(r)}}$。

Ⅲ. 预测 $\hat{p}_i = (\sum_{j \in s_i} y_{ij} + \sum_{k \notin s} \hat{y}_{ik}) / N_i$；$\hat{y}_{ij} = \sum_{r=1}^{R} y_{ik}^{(r)} / R, k \notin s_i$。

记 $\hat{p}_i = \dfrac{1}{R} \sum_{r=1}^{R} (\sum_{j \in s} y_{ij} + \sum_{k \notin s_i} y_{ik}^{(r)}) / N_i = \dfrac{1}{R} \sum_{r=1}^{R} \hat{p}_i^{(r)}$，后验方差估计为：$\hat{V}_{post}(\hat{p}_i) = \dfrac{1}{R(R-1)} \sum_{r=1}^{R} (\hat{P}_i^{(r)} - \hat{p}_i)^2$。

一些学者针对 GLMM 讨论了 HB 小域估计的使用，涵盖了逻辑的、数量的、多元的空间数据。[②] 特别地，对受关注的参数的联合后验分布要有充分的条件才是可行的。

---

① Jiang J., and Lahiri P., "Mixed Model Prediction and Small Area Estimation," *Test* 15 (2006): 1-96.

② Ghosh M., Natarajan K., Stroud T. W. F., and Carlin B. P., "Generalized Linear Models for Small-Area Estimation," *Journal of the American Statistical Association* 93 (1998): 273-282.

二　基于模型的小域估计的新发展

（一）预测均方误差的估计

小域估计理论的一个重要方面是对预测值估计的精确性进行评定。这个问题在贝叶斯范畴中很自然地得到了解决，贝叶斯范畴产生了目标量的后验分布结果。然而，使用频率学派的方法估计预测均方误差（PMSE）和计算置信区间是复杂的，因为通过超参数模型估计引进了更多的易变性。从线性混合模型（4.1）和（4.2）中得出了带有规则 o（$1/m$）（m 是抽样域的数量）偏倚的 PMSE 估计量。[①] 在这种情况下，随机误差是正态分布，且模型方差通过方差分析方法估计得出。随后将原有模型扩展成的广义线性混合模型。[②]

$$y_i = X_i\beta + Z_iu_i + e_i, i = 1, \cdots, m \tag{4.6}$$

这里，X_i 和 Z_i 分别是 $n_i \times k$ 和 $n_i \times d$ 的固定矩阵，且 u_i 和 e_i 分别是形式为 $d \times I$ 和 $n_i \times I$ 的独立分布的随机效应和残差项：$u_i \sim N_d(0, Q_i)$，$e_i \sim N_{n_i}(0, R_i)$。方差矩阵是方差组成的 $\zeta = (\zeta_1, \cdots, \zeta_L)$ 的已知函数。运用极大似然估计（MLE）和残差极大似然（REML）方法估计 β 和 ζ 时获得的经验最佳线性无偏预测值（EBLUP）形成了带有规则 o（$1/m$）偏倚的预测均方误差（PMSE）估计量。通过放宽域间残差项独立性的假定拓展了原有模型，且同样地在使用 MLE 或 REML 估

---

① Prasad N. G. N., and Rao J. N. K., "The Estimation of the Mean Squared Error of Small-Area Estimators," *Journal of the American Statistical Association* 85 (1990): 163 - 171.

② Datta G. S., and Lahiri P., "A Unified Measure of Uncertainty of Estimated Best Linear Unbiased Predictors in Small Area Estimation Problems," *Statistica Sinica* 10 (2000): 613 - 627.

计未知模型参数时，带有 o（$1/m$）的偏倚形成了针对 EBLUP 的 PMSE 的一个估计量。①

对于域层次模型（4.1），如果 σ_u^2 是由 EBLUP 方法估计得出的②，有必要增加一个额外项到 PMSE 估计量以实现期望的 o（$1/m$）阶的偏倚性③。在线性混合模型（LMM）中估计 EBLUP 和 EB 的 PMSE 的方法有更多扩展讨论。④

在 GLMM 中的 PMSE 估计是更加复杂的，下面讨论了可能被用于这种情况的重复抽样过程。为了方便，使用混合 Logistic 模型（4.5），但是这个过程也是适用于属于这个层次的其他模型。第一步，使用切割法。⑤ 用 $\lambda_i = E(\hat{p}_i^{EBP} - p_i)^2$ 表示预测均方误差（PMSE），这里 $p_i = \sum_{j=1}^{N_i} y_{ij}/N_i$ 是真实比例，且 $\hat{p}_i^{EBP} = E(p_i \mid y_i, x_i, \hat{\varphi})$ 是经验贝叶斯预测（EBP）。下面的分解为：

$$\lambda_i = E(\hat{p}_i^{BP} - p_i) + E(\hat{p}_i^{EBP} - \hat{p}_i^{BP})^2 = M_{1i} + M_{2i} \tag{4.7}$$

这里 M_{1i} 是最优预测（BP）（假定已知参数值）的 PMSE，M_{2i} 用于得出由估计模型参数 φ 形成的 PMSE。用 $\hat{\lambda}_i^{BP}(\hat{\varphi})$ 表示 M_{1i} 的真实估

① Das K., Jiang J., and Rao J. N. K., "Mean Squared Error of Empirical Predictor," *The Annals of Statistics* 32 (2004): 818 - 840.

② Fay Robert E., and Herriot R. A., "Estimates of Income for Small Places: An Application of James-Stein Procedures to Census Data," *Journal of the American Statistical Association* 74 (1979): 269 - 277.

③ Datta G. S., Rao J. N. K., and Smith D. D., "On Measuring the Variability of Small Area Estimators Under a Basic area level model," *Biometrika* 92 (2005): 183 - 196.

④ Datta G. S., "Model-Based Approach to Small Area Estimation," *Handbook of Statistics* 29 (2009): 251 - 288.

⑤ Jiang J., Lahiri P., and Wan S. M., "A Unified Jackknife Ttheory for Empirical Best Prediction with M-Estimation," *The Annals of Statistics* 30 (2002): 1782 - 1810.

计值，M_{1i} 通过建立 $\varphi = \hat{\varphi}$ 来获得。$\hat{\lambda}_i^{BP}(\hat{\varphi} - l)$ 表示从域 l 以外的全部域估计时得出的真实估计量，且 $\hat{p}_i^{EBP}(\hat{\varphi} - l)$ 来表示相关的 EBP。

PMSE 的切割估计量是：

$$\begin{cases} \hat{\lambda}_i^{JK} = \hat{M}_{1i} + \hat{M}_{2i} \\ \hat{M}_{1i} = \hat{\lambda}_i^{BP}(\hat{\varphi}) - \dfrac{m-1}{m}\sum_{i=1}^{m}[\hat{\lambda}_i^{BP}(\hat{\varphi} - l) - \hat{\lambda}_i^{BP}(\hat{\varphi})] \\ \hat{M}_{2i} = \dfrac{m-1}{m}\sum_{i=1}^{m}[\hat{p}_i^{EBP}(\hat{\varphi} - l) - \hat{p}_i^{EBP}(\hat{\varphi})]^2 \end{cases} \tag{4.8}$$

在常规性条件下，根据所预期的，$E(\hat{\lambda}_i^{JK}) - \lambda_i = o(1/m)$ 。

切割估计量通过随机效应和响应的联合分布来估计无条件的 PMSE 。使用更简单的切割法进行修正[1]，并估计了条件 PMSE：$E[(\hat{p}_i^{EBP} - p_i)^2 | y_i]$ 。标记 $q_i(\varphi, y_i) = Var(p_i | y_i, \varphi)$ ，用下式替换（4.8）式中的 $\hat{M}_{1i}$ 加以修正：

$$\hat{M}_{1i,c} = q_i(\hat{\varphi}, y_i) - \sum_{l \neq i}^{m}[q_i(\hat{\varphi} - l, y_i) - q_i(\hat{\varphi}, y_i)]$$

修正的估计量 $\hat{\lambda}_{i,c}^{JK} = \hat{M}_{1i,c} + \hat{M}_{2i}$ ，在估计条件 PMSE 中有 $o_p(1/m)$ 的偏倚和在估计无条件 PMSE 中有 o（$1/m$）的顺序偏倚。

通过双重辅助程序的使用来估计 PMSE。[2] 对于模型（4.5），双重辅助程序包含了下面步骤。

Ⅰ. 从带有参数 $\hat{\varphi}$ 的模型中生成一个新的总体，并针对这个总体计算“真实”域比例。根据新样本数据和新估计参数，计算经验贝

① Lohr S. L., and Rao J. N. K., “Jackknife Estimation of Mean Squared Error of Small Area Predictors in Nonlinear Mixed Models,” *Biometrika* 96 (2009): 457–468.

② Hall P., and Maiti T., “On Parametric Bootstrap Methods for Small Area Prediction,” *Journal of the Royal Statistical Society: Series B (Statistical Methodology)* 68 (2006): 221–238.

叶斯预测参数（EBPs）。新总体和样本使用同初始总体和样本一样的协变量。独立地重复步骤 B_1 次，要求 B_1 充分大。用 $p_{i,b_1}(\hat{\varphi})$ 和 $\hat{p}_{i,b_1}^{EBP}(\hat{\varphi}_{b_1})$ 表示 b_1（$b_1=1,\cdots,B_1$）的总体和样本的"真实"比例和相关的 EBPs。用辅助程序计算 PMSE 估计量：

$$\hat{\lambda}_{i,1}^{BS}=\frac{1}{B_1}\sum_{b_1=1}^{B_1}[\hat{p}_{i,b_1}^{EBP}(\hat{\varphi}_{b_1})-p_{i,b_1}(\hat{\varphi})]^2 \tag{4.9}$$

Ⅱ. 针对第 Ⅰ 步中得出的每个样本，重复第Ⅰ步的计算 B_2 次，要求 B_2 充分大，同时产生新的"真实"比例 $p_{i,b_2}(\hat{\varphi}_{b_1})$ 和经验贝叶斯预测参数 $\hat{p}_{i,b_2}^{EBP}$（$\hat{\varphi}_{b_2}$），其中 $b_2=1,\cdots,B_2$。

计算第Ⅱ步的双重辅助 PMSE 估计量：

$$\hat{\lambda}_{i,2}^{BS}=\frac{1}{B_1}\sum_{b_1=1}^{B_1}\frac{1}{B_2}\sum_{b_2=1}^{B_2}[\hat{p}_{i,b_2}^{EBP}(\hat{\varphi}_{b_2})-p_{i,b_2}(\hat{\varphi}_{b_1})]^2 \tag{4.10}$$

双重辅助 PMSE 估计量是通过计算一个传统的有偏校正估计量来获得。例如：

$$\hat{\lambda}_i^{D-BS}=\begin{cases}\hat{\lambda}_{i,1}^{BS}+(\hat{\lambda}_{i,1}^{BS}-\hat{\lambda}_{i,2}^{BS}),\text{s. t. }\hat{\lambda}_{i,1}^{BS}\geqslant\hat{\lambda}_{i,2}^{BS}\\ \hat{\lambda}_{i,1}^{BS}\exp[(\hat{\lambda}_{i,1}^{BS}-\hat{\lambda}_{i,2}^{BS})/\hat{\lambda}_{i,2}^{BS}],\text{s. t. }\hat{\lambda}_{i,1}^{BS}<\hat{\lambda}_{i,2}^{BS}\end{cases} \tag{4.11}$$

注意，鉴于第Ⅰ步的双重辅助估计量（4.9）有规则 $o(1/m)$ 的偏倚，双重辅助估计量在一些正规条件下有 $o(1/m)$ 的偏倚。

针对上述问题，Pfeffermann 和 Correa 提出了偏倚修正的一般方法①，以目标估计量误差模型来作为一个相关辅助估计量的函数，修正适用于样本数据的模型参数，并求出初始估计量和双重辅助估计

① Pfeffermann D., and Correa S., "Empirical Bootstrap Bias Correction and Estimation of Prediction Mean Square Error in Small Area Estimation," *Biometrika* 99 (2012): 457-472.

量。这可以通过随机地得出修正模型的许多似乎合理的参数来实现，同时为每一个参数生成一个虚假的初始样本，为每一个虚假样本生成辅助程序样本，然后，在符合一系列囊括了传统辅助程序偏倚校正的条件下，偏倚校正函数通过一个交叉确认步骤以查找最佳的函数关系。这个方法的使用产生了调整后的偏倚的估计量，并在一定条件下它也允许估计有偏的校正估计量的 MSE。在模型（4.5）中采用扩展的模拟研究，估计 PMSE 的方法优于双重辅助程序和切割程序，在估计 PMSE 的 MSE 中有良好的表现。

以上所考虑的所有抽样方法在实际模型中都不是独立的，因为它们要求在模型中重复地计算先验的最优预测值。

Chambers et al. 根据条件稳健有偏 PMSE 估计量[①]，提出在这种情况下，小域估计量可以用样本值的加权和来表示。假定对于单元 $j \in U_i, y_i = x'_j\beta_i + e_j, E(e_j) = 0, Var(e_j) = \sigma_j^2, j = 1, \cdots, n_i$。其中 β_i 是确定的相关系数向量，也考虑了带有固定权重 w_{ik} 的线性估计量的 $\hat{\theta}_i = \sum_{k \in s} w_{ik} y_k$ 的形式。因此，如果 θ_i 被定义为真实域的均值，则有：

$$\begin{cases} Bias_i = E(\hat{\theta}_i - \theta_i) = \left(\sum_{h=1}^{m} \sum_{j \in s_h} w_{ij} x'_j \beta_h\right) - \overline{X}_i \beta_i \\ Var_i = Var(\hat{\theta}_i - \theta_i) = N_I^{-2}\left(\sum_{h=1}^{m} \sum_{j \in s_h} a_{ij}^2 \sigma_j^2 + \sum_{j \in r_i} \sigma_j^2\right) \end{cases} \quad (4.12)$$

这里 $r_i = U_i - s_i$ 和 $a_{ij} = N_i w_{ij} - I(j \in U_i)$，$I(\cdot)$ 是指示函数。假

① Chambers R., Chandra H., and Tzavidis N., "On Bias-Robust Mean Squared Error Estimation for Pseudo-Linear Small Area Estimators," *Survey Methodology* 37 (2011): 153 – 170.

定对于 $j \in U_i, u_j = E(y_j \mid x_j) = x'_j\beta_i$ 被估计为 $\hat{u}_j = x'_j\hat{\beta}_i = \sum_{k \in s} \varphi_{kj} y_k$ 并且满足 $\sigma_j^2 \equiv \sigma^2$，（4.12）式中的偏差和方差估计为：

$$\begin{cases} \hat{Bias}_i = \left(\sum_{h=1}^{m} \sum_{j \in s_h} w_{ij} \hat{u}_j\right) - N_i^{-1} \sum_{j \in U_i} \hat{u}_j \\ \hat{Var}_i = N_i^{-2} \sum_{j \in s_h} \left[a_{ij}^2 + (N_i - n_i) n_i^{-1}\right] \lambda_j^{-1} (y_j - \hat{u}_j)^2 \end{cases} \tag{4.13}$$

这里 $\lambda_j = (1 - \varphi_{jj})^2 + \sum_{k \in s(-j)} \varphi_{kj}^2$，且 $s(-j)$ 定义为没有单元 j 的样本。

上述估计应用了在模型（4.3）中估计 EBLUP 和（4.2）式的最佳线性无偏预测值的 PMSE 估计量的步骤，并且对模型的方差估计量设定条件，甚至对模型校正以便消除 PMSE 估计量的预期偏倚。另一方面，在偏倚程度上，即便有异常值存在，这些在经验上所表现的估计量依然比传统的 PMSE 估计量有更小的偏差，虽然在小域样本量的情况下比传统的估计量有更大的均方误差。

（二）预测区间的计算

在其他的统计应用中，研究者通常对未知域特征量的预测区间感兴趣。在贝叶斯方法下预测区间（通常是称之为预测的置信区间）的构造是通过预测量的后验分布来确定的。在经典频率学派方法中，置信水平为（$1-\alpha$）的一个“固有的”预测区间为 $\hat{\theta}_i^{(\cdot)} \pm z_{\alpha/2}\left[\hat{Var}(\hat{\theta}_i^{(\cdot)} - \theta_i)\right]^{1/2}$，这里 $\hat{\theta}_i^{(\cdot)}$ 是经验贝叶斯预测值或 EBLUP，且 $\hat{Var}(\hat{\theta}_i^{(\cdot)} - \theta_i)$ 是一个恰当的预测误差的方差估计。然而，在预测误差的渐近正态分布情况下，这个预测区间的使用会有 $o(1/m)$ 的置信误差，它是不够精确的。因此，最近关于小域估计的研究都集中于通过参数辅助程序来减少置信误差。

可以考虑一般模型①，对于域 i 中协变量 $X_i = (x_{i1}, x_{i2}, \cdots, x_{in_i})$ 的一个恰当的平滑函数 $f_i(\beta)$ 和一个向量参数 β，随机变量 $\Theta_i = f_i(\beta) + u_i$，$E(\mu_i) = 0$ 是由分布 $Q\{f_i(\beta), \xi\}$ 中得出。结果观测值 y_{ij} 从分布 $R\{l(\Theta_i), \eta_i\}$ 中独立得出，这里 $l(\cdot)$ 是已知的关联函数，且 η_i 或为已知，或在每个域 i 中相同。对于给定的协变量 X_{i0}，样本量 n_{i0} 和已知参数的相应实现值 Θ_{i0} 的一个 α 水平的预测区间为：

$$I_\alpha(\beta,\xi) = [q_{(1-\alpha)/2}(\beta,\xi), q_{(1+\alpha)/2}(\beta,\xi)] \tag{4.14}$$

这里 $q_\alpha(\beta,\xi)$ 定义为分布 $Q\{f_i(\beta),\xi\}$ 的 α 水平的分位数。这就容易让人产生预测区间是 $I_\alpha(\hat{\beta},\hat{\xi})$ 的错觉，但是这个区间存在 $o(1/m)$ 阶的置信误差，并且它并没有使用特定域的结果值。为了减少误差，可以依据 α 对 $I_\alpha(\hat{\beta},\hat{\xi})$ 进行校准，这可以通过生成参数辅助样本和重新估计 β 和 ξ 来实现，同前文所描述的关于 PMSE 估计的双重辅助程序的第 I 步类似。用 $\hat{I}_\alpha^* = I_\alpha(\hat{\beta}^*, \hat{\xi}^*)$ 来表示辅助区间，且用 $\hat{\alpha}$ 来表示 $\Pr(\theta_i^* \in \hat{I}_{\hat{a}}^*) = \alpha$ 的估计结果，这里 $\theta_i^* \sim Q\{f_i(\hat{\beta}),\hat{\xi}\}$ 带有置信误差 $o(m^{-2})$ 的辅助校准预测区间为 $I_\alpha(\hat{\beta},\hat{\xi})$。

考虑分析广义线性混合模型②，即 $Y = X\beta + Zu + e$，这里 Y（n 维）表示所有域的所有观测值，$X_{n\times p}$ 和 $Z_{n\times q}$ 是已知矩阵，u 和 e 分别是随机效应的独立向量的正态性误差和带有方差矩阵 $D(\varphi)$ 和 $R(\varphi)$

① Hall P., and Maiti T., "On Parametric Bootstrap Methods for Small Area Prediction," *Journal of the Royal Statistical Society: Series B (Statistical Methodology)* 68 (2006): 221-238.

② Chatterjee S., Lahiri P., and Li H., "Parametric Bootstrap Approximation to the Distribution of EBLUP and Related Prediction Intervals in Linear Mixed Models," *The Annals of Statistics* 36 (2008): 1221-1245.

（它们是 k 维向量参数 ψ 的函数）的残差项。注意这个模型以及 Hall 和 Maiti 的模型①是把由（4.1）式和（4.3）式所定义的线性混合模型作为专门的例子。当前的模型不能运用非线性混合模型，比如，运用 GLMM 方法的（4.5）式。后者的模型反而能较灵活的运用，但是根据后者的模型，它不要求给定随机效应的观察值是条件独立的。

对于一个单变量的线性组合 $t = c'(X\beta + Zu)$，参数自举预测区间通过以下步骤来得到。② 首先，计算条件均值 u_t 和 t 统计量以及 β、φ 的方差 σ_t^2；其次，生成新观测值 $y^* = X\hat{\beta} + Zu^* + e^*$，这里 $u^* \sim N[0,D(\hat{\varphi})],e^* \sim N[0,R(\hat{\varphi})]$。从 y^* 中，运用估计 $\hat{\beta}$ 和 $\hat{\varphi}$ 的方法来估计 $\hat{\beta}^*$ 和 $\hat{\varphi}^*$，并计算 $\hat{\mu}_t^*$ 和 $\hat{\sigma}_t^*$（计算方法也同 u_t 和 σ_t 的计算方法一样，但是带有估计参数）。用 L_n^* 来表示 $(\hat{\sigma}_t^*)^{-1}(t^* - \hat{\mu}_t^*)$ 的辅助分布，这里 $t^* = c'(X\hat{\beta} + Zu^*)$；并取 $d = p + k$ 为未知参数的总个数。

然后，按照 $d^2/n \to 0$ 和在一些正则条件下，如果 q_1、q_2 满足 $L_n^*(q_2) - L_n^*(q_1) = 1 - \alpha$，那么：

$$\Pr(\hat{\mu}_t + q_1\hat{\sigma}_t \leqslant t \leqslant \hat{\mu}_t + q_2\hat{\sigma}_t) = 1 - \alpha + o(d^3 n^{-3/2}) \tag{4.15}$$

注意这里允许 d 随着 n 变大而变大，而且根据 Hall 和 Maiti 的方法，置信误差是依据 m 来定义的，而不是 n。总的样本量，即样本域

① Hall P., and Maiti T., "On Parametric Bootstrap Methods for Small Area Prediction," *Journal of the Royal Statistical Society: Series B (Statistical Methodology)* 68 (2006): 221－238.

② Chatterjee S., Lahiri P., and Li H., "Parametric Bootstrap Approximation to the Distribution of EBLUP and Related Prediction Intervals in Linear Mixed Models," *The Annals of Statistics* 36 (2008): 1221－1245.

的数目也是随着域内样本量的增长而增长的，而不仅仅通过增加 m 。通过选择恰当的 t ，域的具体情况如区间（4.15）所示。

（三）基准测试

基于模型的小域估计通常依靠很难验证的模型，而且模型如果是错误拟合的，生成的预测值可能会表现很差。对于基于设计的估计量是可靠的域集合，基准测试通过使基于模型的预测量和基于设计的估计量达成一致来使推断具有稳健性。假定这个集合包含所有的域，基准方程采用一般形式：

$$\sum_{i=1}^{m} b_i \hat{\theta}_{i,model} = \sum_{i=1}^{m} b_i \hat{\theta}_{i,design} \tag{4.16}$$

相关系数 b_i 是固定权重，假定没有一般性的缺失值，权重之和为 1。对于经常由统计部门所要求的集合域来说，约束条件（4.14）更好地保证了基于模型的预测量和基于设计的估计量之间的一致性。例如，各省份总失业率的基于模型的预测量应该加总到国家总失业率的基于设计的估计量中去，这种做法一般情况下是较为精确的。常用的一个基准测试方法经常称为比率或比例调整，表示如下：

$$\hat{\theta}_{i,Ratio}^{bench} = \left(\sum_{j=1}^{m} b_j \hat{\theta}_{j,design} / \sum_{j=1}^{m} b_j \hat{\theta}_{j,model}\right) \hat{\theta}_{i,model} \tag{4.17}$$

然而，这个方法的运用对所有的域使用相同的比例修正，而不考虑基准测试前基于模型预测的精确性。因此，在一个给定域中的比例的预测同这个域中样本量的增长是不一致的。另外，比例预测的 PMSE 的估计不是明确的。因此，在一些文献中提到了其他的方法。

当使 $\sum_{i=1}^{m} \varphi_i E(\theta_i - \hat{\theta}_i^{bench})^2$ 最小化的预测量满足（4.16）式时，这

里 φ_i 为可选的正权重。在域层次模型（4.1）中导出了贝叶斯最佳线性无偏预测值（BBLUP）。① BBLUP 是：

$$\hat{\theta}_{i,BLUP}^{bench} = \hat{\theta}_{i,model}^{BLUP} + \delta_i \sum_{j=1}^{m} b_j(\theta_{j,design} - \hat{\theta}_{j,model}^{BLUP})$$
$$\delta_i = \left(\sum_{j=1}^{m} \varphi_j^{-1} b_j^2\right)^{-1} \varphi_i^{-1} b_i. \tag{4.18}$$

当方差 σ_u^2 未知时，由它在（4.18）式中的估计量替换，同时产生经验的 BBLUP。通过改变 β 的估计量为单元层次模型（4.3）实现了“自动基准”。② 域层次模型考虑了一个相似的方法③，增加协变量 x'_i 为 $\tilde{x}'_i = (x'_i, b_i\sigma_{D_i}^2)$，方差 $\sigma_{D_i}^2$ 在域层次模型中认为是已知的。增广模型的使用产生了一个 BLUP［BLUP 同样满足基准约束（4.16）］，且比起从 x_i 中省略一个重要协变量的做法，它能够得到更加稳健的值，这里缺失的协变量同 $\tilde{x}_i$ 中增加的协变量是充分相关的。

将（4.16）形式的月度基准约束条件添加到一个时间序列状态空间模型的测度方程中④，这个状态空间模型在一些相关域中共同地拟合直接估计值。对时间序列模型添加基准约束是尤其重要的，因为时间序列模型通常是很慢地去适应突然的变化。在增广的时间序列模型中获得的基准预测属于由 Wang et al. 提出的预测体系。通过添加

① Wang J., Fuller W. A., and Qu Y. “Small Area Estimation Under a Restriction,” *Survey Methodology* 34（2008）: 29 – 36.

② You Y., and Rao J. N. K., “A Pseudo-Empirical Best Linear Unbiased Prediction Approach to Small Area Estimation Using Survey Weights,” *Canadian Journal of Statistics* 30（2002）: 431 – 439.

③ Wang J., Fuller W. A., and Qu Y. “Small Area Estimation Under a Restriction,” *Survey Methodology* 34（2008）: 29 – 36.

④ Pfeffermann D., and Tiller R., “Small-Area Estimation with State-Space Models Subject to Benchmark Constraints,” *Journal of the American Statistical Association* 101（2006）: 1387 – 1397.

约束条件到模型中，这个方法允许把基准的估计量方差估计作为拟合的模型的一部分。这个预测体系考虑了模型误差项的方差、直接估计量的样本误差的方差和自协方差、基准 $\sum_{i=1}^{m} b_i\hat{\theta}_{ti,direct}\ (t=1,2,\cdots)$ 以及直接估计量的样本误差和基准之间的交叉协方差和自协方差。

通过最小化：

$$\sum_{i=1}^{m}\varphi_i E[(\theta_i-\hat{\theta}_i^{bench})^2\hat{\theta}_{design}] \tag{4.19}$$

并满足约束条件：

$$\sum_{i=1}^{m} b_i\hat{\theta}_i^{bench} = \sum_{i=1}^{m} b_i\hat{\theta}_{i,design}.$$

得出了贝叶斯基准，这里 $\hat{\theta}_{design}=(\hat{\theta}_{1,design},\cdots,\hat{\theta}_{m,design})'$。这个最小化问题的解决方法与（4.18）式相同，但是要由后验均值 $\hat{\theta}_{k,Bayes}$ 全部替换 $\hat{\theta}_{k,model}^{BLUP}$，用 $\hat{\theta}_{i,Bayes}^{bench,1}$ 表示生成的预测值。这些预测变量的使用从严格意义上来说存在“过度收缩”的缺点：

$$\sum_{i=1}^{m} b_i(\hat{\theta}_{i,Bayes}^{bench,1}-\bar{\hat{\theta}}_{b,Bayes}^{bench,1})^2 < \sum_{i=1}^{m} b_iE[(\theta_i-\bar{\theta}_b)^2|\hat{\theta}_{design}]$$

这里 $\bar{\hat{\theta}}_{b,Bayes}^{bench,1}=\sum_{i=1}^{m} b_i\hat{\theta}_{i,Bayes}^{bench,1}$，$\bar{\theta}_b=\sum_{i=1}^{m} b_i\theta_i$。为了解决这个问题，考虑用预测值 $\hat{\theta}_{i,Bayes}^{bench,2}$ 来替代①，并满足约束条件：

$$\begin{cases}\sum_{i=1}^{m} b_i\hat{\theta}_{i,Bayes}^{bench,2}=\sum_{i=1}^{m} b_i\hat{\theta}_{i,design}\\ \sum_{i=1}^{m} b_i(\hat{\theta}_{i,Bayes}^{bench,2}-\sum_{i=1}^{m} b_i\hat{\theta}_{i,design})^2=H\end{cases} \tag{4.20}$$

① Datta G. S., Hall P., and Mandal A., “Model Selection by Testing for the Presence of Small-Area Effects, and Application to Area-Level Data,” *Journal of the American Statistical Association* 106 (2011): 362–374.

这里 $H = \sum_{i=1}^{m} b_i E[(\theta_i - \bar{\theta}_b)^2 \mid \hat{\theta}_{design}]$ ，基准预测的形式为：

$$\begin{cases} \hat{\theta}_{i,Bayes}^{bench,2} = \sum_{i=1}^{m} b_i \hat{\theta}_{i,design} + A_{CB}(\hat{\theta}_{i,Bayes} - \bar{\hat{\theta}}_{Bayes}) \\ A_{CB}^2 = H / \sum_{i=1}^{m} b_i (\hat{\theta}_{i,Bayes} - \bar{\hat{\theta}}_{Bayes})^2 \end{cases} \tag{4.21}$$

贝叶斯基准预测的发展有普遍性的特点，并不受限于任何特定的模型。基准的预测值的 PMSE 可以估计为：

$$\hat{E}[(\hat{\theta}_{i,Bayes}^{bench,2} - \theta_i)^2 \mid \hat{\theta}_{design}] = Var(\hat{\theta}_{i,Bayes} \mid \hat{\theta}_{design}) + (\hat{\theta}_{i,Bayes}^{bench,2} - \hat{\theta}_{i,Bayes})^2$$

注意交叉项 $\hat{E}[(\hat{\theta}_{i,Bayes}^{bench,2} - \hat{\theta}_{i,Bayes})(\hat{\theta}_{i,Bayes} - \theta_i) \mid \theta_{design}] = 0$ 。

Nandram 和 Sayit 同样考虑了贝叶斯基准，但可以关注域比例的估计。① 用 c_i 表示存在特征 C 的域 i 中样本单元的数目，并用 p_i 表示有这个特征的概率，假定贝塔二项分层贝叶斯模型：

$$\begin{cases} \{c_i \mid p_i\} \sim Binomial(n_i, p_i) \\ \{p_i \mid \mu, \tau\} \sim Beta[\mu\tau, (1-\mu)\tau], i = 1, \cdots, m \\ p(\mu, \tau) = (1+\tau^2)^{-1}, 0 < \mu < 1, \tau \geqslant 0 \end{cases} \tag{4.22}$$

取 $\tilde{b}_i = n_i / n$ ，基准约束条件为：

$$\sum_{i=1}^{m} \tilde{b}_i p_i = \theta, \theta \sim Beta[\mu_0 \tau_0, (1-\mu_0)\tau_0] \tag{4.23}$$

在非限制模型（4.22）和带有（4.23）条件的限制模型下导出了真实概率 $\{p_i, i = 1, \cdots, m\}$ 的联合后验分布，并证明它是合适的。

关于 θ 的先验分布考虑不同的情况。在第一种情况下，$\tau_0 \to \infty$ ，

① Nandram B. , and Sayit H. , "A Bayesian Analysis of Small Area Probabilities Under a Constraint," *Survey Methodology* 37 (2011): 137 - 152.

意味着 θ 是在一个点集合，且假定是已知的。在第二种情况下，μ_0 和 τ_0 是由分析者给定的。在第三种情况下，$\mu_0 = 0.5, \tau_0 = 2$，意味着 $\theta \sim Uniform(0,1)$（不提供信息的先验）。理论参数和实证结果显示来自限制模型中的最大的收获是 θ 完全确定的第一种情况，其次是存在 $\tau_0 \gg 2$ 的第二种情况，第三种情况是如果不提供先验信息，就没有任何精确的结论。

为了完成这一部分，可以应用频率学派基准方法。[①] 按照这个方法，在单元层次模型（4.3）下的抽样和非抽样域中的小域预测变量基准到一个区域的合成估计量，这个区域是由在带有异方差（但是没有随机效应）的线性回归模型下获得的域组成的。基准预测是在满足基准约束的所有预测当中，在模型（4.3）下使得加权残差平方和最小化。需要注意的是：在没有约束条件下使加权残差平方和最小化的预测是最优的预测，如（4.4）式所示。对于已知的方差，基准预测是线性的，但是实际上方差是由样本估计替代的。Ugarte et al. 通过一个单步参数辅助方法估计了所产生的经验基准预测的 PMSE。

（四）考虑协变量的测量误差

Ybarra 和 Lohr 考虑了在域水平模型（4.1）中一些或所有的协变量 x_i 未知的情况，且使用了从另一个独立性调查中得到的估计量 $\hat{x}_i$，这个调查是在抽样设计下获得且存在 $MSE_D(\hat{x}_i) = C_i$（对于已知的协变量 x_{ki}，$C_{ki} = 0$）。[②] 用 $\hat{\theta}_i^{Err}$ 表示生成的预测值，对于已知的（β，σ_u^2），其有：

---

① Ugarte M. D., Militino A. F., and Goicoa T. "Benchmarked Estimates in Small Areas Using Linear Mixed Models with Restrictions," *Test* 18 (2009): 342 - 364.

② Ybarra L. M. R., and Lohr S. L., "Small Area Estimation When Auxiliary Information Is Measured with Error," *Biometrika* 95 (2008): 919 - 931.

$$PMSE(\hat{\theta}_i^{Err}) = PMSE(\hat{\theta}_i) + (1-\gamma_i)^2\beta' C_i\beta \tag{4.24}$$

这里，若已知 x_i，则 $PMSE(\hat{\theta}_i)$ 是预测均方误差。因此，在这种情况下得到的 $PMSE(\hat{\theta}_i)$ 会低估真实的预测均方误差。此外，如果 $\beta' C_i\beta > \sigma_u^2 + \sigma_{D_i}^2$，则 $MSE(\hat{\theta}_i^{Err}) > \sigma_{D_i}^2 = Var\ D(\tilde{y}_i)$。因此，Jiang et al. 提出使用替代的预测值：

$$\begin{cases} \hat{\theta}_i^{Me} = \tilde{\gamma}_i\tilde{y}_i + (1-\tilde{\gamma}_i)\tilde{x}'_i\beta \\ \tilde{\gamma}_i = (\sigma_\mu^2 + \beta' C_i\beta)/(\sigma_{D_i}^2 + \sigma_\mu^2 + \beta' C_i\beta) \end{cases} \tag{4.25}$$

这里，预测量 $\hat{\theta}_i^{Me}$ 使得 $\tilde{y}_i$ 和 $\hat{x}'_i\beta$ 的线性组合的 MSE 最小化。另外，$E(\hat{\theta}_i^{Me} - \theta_i) = (1-\hat{\gamma}_i)[E_D(\hat{x}_i - x_i)]'\beta$，这意味着若 $\hat{x}_i$ 是 x_i 的无偏估计，则偏倚消除，且 $E(\hat{\theta}_i^{Me} - \theta_i)^2 = \tilde{\gamma}_i\sigma_{D_i}^2 \leqslant \sigma_{D_i}^2$。Jiang et al. 构造了 σ_u^2 和 β 估计量，然后用其估计量在（4.25）式中进行替代来获得相应的经验预测。经验预测的 PMSE 通过使用前文描述的切割方法来估计。①

Ghosh et al. 和 Torabi et al. 使用一种不同的解决测量误差的方法。② 假定真实的模型对于同域中的所有单元来说是带有单个协变量 x_i 的单元层次模型（4.3），但是 x_i 没有被观测，且相反地，不同的抽样单元（$j \in x_i$）得到不同的测量值 x_{ij}。因此，样本包含了观测值 $\{y_{ij}$，

---

① Jiang J., Lahiri P., and Wan S. M., "A Unified Jackknife Theory for Empirical Best Prediction with M-Estimation," *The Annals of Statistics* 30 (2002): 1782–1810.

② Ghosh M., Sinha K., and Kim D., "Empirical and Hierarchical Bayesian Estimation in Finite Population Sampling Under Structural Measurement Error Models," *Scandinavian Journal of Statistics* 33 (2006): 591–608; Torabi M., Datta G. S., and Rao J. N. K., "Empirical Bayes Estimation of Small Area Means under a Nested Error Linear Regression Model with Measurement Errors in the Covariates," *Scandinavian Journal of Statistics* 36 (2009): 355–369.

$x_{ij}, i = 1, \cdots, m, j = 1, \cdots, n_i\}$ 。产生这种情况的一个例子是，将 x_i 定义为这个域中空气污染的真实水平，x_{ij}'s 代表域中不同区的污染测量值。[①] 假定 $x_{ij} = x_i + \eta_{ij}, x_i \sim N(\mu_x, \sigma_x^2)$ ；$(u_i, \varepsilon_{ij}, \eta_{ij})$ 分别是带有零均值和方差 σ_u^2 、σ_ε^2 和 σ_η^2 独立正态分布的随机误差。因为 x_i 是随机的，这种测量误差称为结构性测量误差。不同之处在于 Ghosh et al. 只使用预测真实域均值 $\overline{Y}_i$ 的观测值 $\{y_{ij}\}$，而 Torabi et al. 也用样本观测值 $\{x_{ij}\}$。

假定所有的模型参数是已知的，域 i 中待观测的 y 值的后验分布是多元正态的，在 Torabi et al. 的方法中产生了下面 $\overline{Y}_i$ 的贝叶斯预测（也是 BLUP）[②]：

$$\begin{aligned}\hat{\overline{Y}}_i^B &= E(\overline{Y}_i \mid y_{ij}, j = 1, \cdots, n_i) \\ &= (1 - f_i A_i)\overline{y}_i + f_i A_i(\beta_0 + \beta_1 \mu_x) + f_i A_i \gamma_{xi} \beta_1 (\overline{x}_i - \mu_x)\end{aligned} \tag{4.26}$$

这里 $f_i = 1 - (n_i / N_i)$ ，$\gamma_{xi} = n_i \sigma_x^2 (\sigma_\eta^2 + n_i \sigma_x^2)^{-1}$ ，$A_i = [n_i \beta_1^2 \sigma_x^2 \sigma_\eta^2 + (n_i \sigma_\mu^2 + \sigma_\varepsilon^2) v_i]^{-1} \sigma_\varepsilon^2 v_i$ ，其中 $v_i = \sigma_\eta^2 + n_i \sigma_x^2$ 。对于大的 N_i 和小的 (n_i / N_i) ，$\hat{\overline{Y}}_i^B$ 的 PMSE 为：

$$E[(\hat{\overline{Y}}_i^B - \overline{Y})^2 \mid y_{ij}, x_{ij}] = A_i(\beta_1^2 \sigma_x^2 + \sigma_\mu^2 - n_i \beta_1^2 \sigma_x^4 v_i^{-1})$$

使用 Ghosh et al. 提出的矩量法（MOM）[③] 估计模型参数 $\varphi = (\beta_0$ ，

① Torabi M., Datta G. S., and Rao J. N. K., "Empirical Bayes Estimation of Small Area Means under a Nested Error Linear Regression Model with Measurement Errors in the Covariates," *Scandinavian Journal of Statistics* 36 (2009): 355 - 369.

② Torabi M., Datta G. S., and Rao J. N. K., "Empirical Bayes Estimation of Small Area Means under a Nested Error Linear Regression Model with Measurement Errors in the Covariates," *Scandinavian Journal of Statistics* 36 (2009): 355 - 369.

③ Ghosh M., Sinha K., and Kim D., "Empirical and Hierarchical Bayesian Estimation in Finite Population Sampling Under Structural Measurement Error Models," *Scandinavian Journal of Statistics* 33 (2006): 591 - 608.

β_1，u_x，σ_x^2，σ_u^2，σ_η^2，σ_ε^2），并用这个估计量替换以前用 EB 算法产生的估计量，这个估计量在严格意义上［即随着 $m \to \infty$，$m^{-1}\sum_{i=1}^{m} E(\hat{\bar{Y}}_i^{EB} - \hat{\bar{Y}}_i^{B})^2 \to 0$］显示为渐近最优的。

EB 预测的 PMSE 是通过一个加权切割方法来估计的。[①] 同（4.26）式有一个相似结构，但是不带有修正项 $f_i A_i \gamma_{xi} \beta_1 (\bar{x}_i - \mu_x)$，而带有在另外两项中由 $A_i = [n_i(\beta_1^2 \sigma_x^2 + \sigma_\mu^2) + \sigma_\varepsilon^2]^{-1} \sigma_\varepsilon^2$ 所替换的缩减系数 A_i。[②] 根据以上所说的，为了估计未知的模型参数构建了一个 MOM 来获得 EB 预测值并证明了它的渐近最优性。Chen 和 Lahiri 也为所有的参数构建了带有合理先验性的 HB 预测。HB 预测量和它的 HB 预测是通过马尔可夫链蒙特卡洛（MCMC）模拟获得的。

Ghosh et al. 根据上面提到的考虑了带有样本观测值 $\{y_{ij}, x_{ij}, i = 1, \cdots m, j = 1, \cdots, n_i\}$ 相同单元层次模型，但是假定真实的协变量 x_i 是一个固定的未知参数（其被认为是函数测量误差）。[③] Ybarra 和 Lohr 假定了一个函数测量误差，但是考虑了域层次模型。[④] 对于已知的参数和 x_i，贝叶斯预测此时采取了简单的形式：

$$\begin{aligned}\hat{\bar{Y}}_i^{B} &= E(\bar{Y}_i \mid y_{ij}, j = 1, \cdots, n_i) \\ &= (1 - f_i B_i)\bar{y}_i + f_i B_i(\beta_0 + \beta_1 x_i)\end{aligned} \tag{4.27}$$

① Chen S., and Lahiri P., "On Mean Squared Prediction Error Estimation in Small Area Estimation Problems," *Communications in Statistics-Theory and Methods* 37 (2008): 1792-1798.

② Ghosh M., Sinha K., and Kim D., "Empirical and Hierarchical Bayesian Estimation in Finite Population Sampling Under Structural Measurement Error Models," *Scandinavian Journal of Statistics* 33 (2006): 591-608.

③ Ghosh S., Sinha A., and Sahu C., "Effect of Probiotic on Reproductive Performance in Female Livebearing Ornamental Fish," *Aquaculture Research* 38 (2007): 518-526.

④ Ybarra L. M. R., and Lohr S. L., "Small Area Estimation When Auxiliary Information is Measured with Error," *Biometrika* 95 (2008): 919-931.

其中，$B_i = (n_i\sigma_\mu^2 + \sigma_\varepsilon^2)^{-1}\sigma_\varepsilon^2$ 。

一个虚假的贝叶斯（PB）预测是通过用样本均值 $\bar{x}_i$ 替换（4.27）式中的 x_i 来获得的。一个虚假的经验贝叶斯（PEB）预测通过由 Ghosh et al. 构造的 MOM 估计所有其他的未知模型参数来获得。Ghosh et al. 展示了 PEB 预测的渐近最优性，随着 $m \to \infty$，$m^{-1}\sum_{i=1}^{m} E(\hat{\bar{Y}}_i^{PEB} - \hat{\bar{Y}}_i^{PB})^2 \to 0$ 。

Datta et al. 使用模型中的极大似然估计量来替换 x_i 的估计量 $\bar{x}_i$ 。[①] $\bar{Y}_i$（假定其他的模型参数是已知的）相应的 PB 预测与 Ghosh 和 Sinha[②] 采用的 PB 预测是相同的，但是带有由 $\tilde{B}_i = (n_i\sigma_\mu^2 + \sigma_\varepsilon^2 + \beta_1^2\sigma_\eta^2)^{-1}\sigma_\varepsilon^2$ 所替换的 B_i 。一个虚假的经验贝叶斯预测是通过使用后者构造的 MOM 估计量替换模型参数来得到的，且根据以前最优性的标准，它是显示为渐近最优的。PEB 预测的 PMSE 是通过前文所描述的切割法[③]和加权切割法[④]进行估计的。Datta et al. 发表了模拟研究的结果，这个研究显示在 PMSE 方面，他们的 PEB 预测要优于 Ghosh 和 Sinha 的 PEB

① Datta G. S., Rao J. N. K., and Torabi M., "Pseudo-Empirical Bayes Estimation of Small Area Means Under a Nested Error Linear Regression Model with Functional Measurement Errors," *Journal of Statistical Planning and Inference* 140 (2010): 2952 - 2962.

② Ghosh M., and Sinha K., "Empirical Bayes Estimation in Finite Population Sampling Under Functional Measurement Error Models," *Journal of Statistical Planning and Inference* 137 (2007): 2759 - 2773.

③ Jiang J., Lahiri P., and Wan S. M., "A Unified Jackknife Theory for Empirical Best Prediction with M-Estimation," *The Annals of Statistics* 30 (2002): 1782 - 1810.

④ Chen S., and Lahiri P., "On Mean Squared Prediction Error Estimation in Small Area Estimation Problems," *Communications in Statistics-Theory and Methods* 37 (2008): 1792 - 1798.

预测。Ybarra 和 Lohr 的预测修正方法也被采用。[1]

（五）极端值的处理

Bell 和 Huang 考虑了来自一个贝叶斯观点的域层次模型（4.1），但是假定随机效应或抽样误差（但不是两者）有一个非标准的 t（k）的分布。[2] t 分布经常因为它的长尾性用在统计模型中来考虑可能存在的极端值。由 Bell 和 Huang 所考虑的一个模型是：

$$\begin{cases} \{\mu_i \mid \delta_i, \sigma_\mu^2\} \sim N(0, \delta_i \sigma_\mu^2) \\ \delta_i^{-1} \sim Gamma[k/2, (k-2)/2] \\ e_i \sim N(0, \sigma_{D_i}^2) \end{cases} \tag{4.28}$$

这意味着 $E(\delta_i) = 1$ 和 $\{\mu_i \mid \sigma_\mu^2\} \sim t_{(k)}[0, \sigma_\mu^2(k-2)/k]$。相关系数 δ_i 围绕 1 分散，使得 $\mu_i = \theta_i - x'_i\beta$ 方差膨胀或紧缩。较大的值 δ_i 表示存在一个异常偏离的域均值 θ_i。参数自由度 k 认为是已知的。规定 $k = \infty$ 等同于假定模型（4.1）。Bell 和 Huang 在应用中对 k 考虑了几个可能的值，但是选择一个合理的值依赖于数据的测定。或者，Bell 和 Huang 假定模型（4.28）有抽样误差 e_i，用 $\sigma_{D_i}^2$ 代替 σ_μ^2，这种情况中假定 $\mu_i \sim N(0, \sigma_\mu^2)$。

假定模型随机效应的作用是把小域预测值（后验均值）趋向直接估计量，而假定模型抽样误差的作用是把预测值趋向合成的部分。经验显示，任何模型的使用在识别异常偏离的域时都表现良好，但是目前并不清楚在两个模型中如何去进行选择。可以延伸至二变量域层

---

① Ybarra L. M. R., and Lohr S. L., "Small Area Estimation When Auxiliary Information Is Measured with Error," *Biometrika* 95 (2008): 919－931.

② Bell W. R., and Huang E. T., Using the T-Distribution to Deal with Outliers in Small Area Estimation (paper represented at Proceedings of Statistics Canada Symposium 2006: Methodological Issues in Measuring Population Health, Ottawa, 2006).

次模型，模型中每个域都可获得两个直接估计量，且带有非修正抽样误差，但是带有修正的随机效应。模型运用了一种情形，这种情形下估计量是从两种不同的调查中获得的。

Ghosh et al. 同样考虑了模型（4.1），运用了 EB 的方法。[①] 这个研究中的出发点是一个偏离直接估计量可能由一个大的样本误差中产生，也可能由一个偏离的随机效应中产生。因此，Ghosh et al. 提出用稳健的 EB 预测值替换从模型（4.2）中获得的 EB 预测值，稳健的 EB 预测为：

$$\begin{cases} \hat{\theta}_i^{Rob} = y_i - (1-\hat{\gamma}_i)\hat{V}\varphi_G[(\bar{y}_i - x'_i\hat{\beta}_{G\hat{L}S})\hat{V}_i^{-1}] \\ \hat{V}_i^2 = V\hat{a}r(\bar{y}_i - x'_i\hat{\beta}_{GLS}) \end{cases} \quad (4.29)$$

这里 $\hat{\beta}_{G\hat{L}S}$ 是存在估计方差 $\hat{\sigma}_u^2$ 的模型中经验的 GLS 估计量，且对一些值 $G>0$，φ_G 是胡贝尔影响函数 $\varphi_G(t) = sign(t)\min(G, |t|)$。因此，对于大的正标准残差 $(\bar{y}_i - x'_i\hat{\beta}_{G\hat{L}S})\hat{V}_i^{-1}$，模型中的 EB 估计 $\hat{\theta}_i^{EB} = \tilde{y}_i - (1-\hat{\gamma}_i)\hat{V}_i(\tilde{y}_i - x'_i\hat{\beta}_{G\hat{L}S})\hat{V}_i^{-1}$ 用 $\hat{\theta}_i^{Rob} = \tilde{y}_i - (1-\hat{\gamma}_i)\hat{V}_iG$ 来替换，且对于大的负标准残差来说也是一样的，而在其他情况下，一般的 EB 估计，$\hat{\theta}_i^{EB}$ 是不变的。G 值可能会随着不同的域而改变，而且它使用一种方法适应性地进行选择，即模型中来自使用预测值（4.29）的过度的贝叶斯风险由一些百分点界定。或者，G 可以设为一些常数，$1 \leqslant G_0 \leqslant 2$，这种情况经常在研究稳健性的文献中出现。作者针对这种情况［即 σ_u^2 由带有 $o(1/m)$ 阶偏倚的 MLE 得到］导出了在模型（4.1）中 $\hat{\theta}_i^{Rob}$ 的 PMSE，并对修正为 $o_p(1/m)$ 阶的 PMSE

① Ghosh M., Maiti T., and Roy A., "Influence Functions and Robust Bayes and Empirical Bayes Small Area Estimation," *Biometrika* 95 (2008): 573 - 585.

构造了一个估计量。

EB 预测值用稳健的预测值（4.29）进行替换，但是未知模型参数的估计和 PMSE 的形成以及它的估计量是在初始模型（4.1）中取得，考虑模型参数估计的稳健性（不考虑可能存在的极端值），使用线性混合模型（4.6）①，当观测值为 $y = (y'_1, \cdots, y'_m)'$ 时，模型有如下形式：

$$\begin{cases} y = X\beta + Z\mu + e \\ E(\mu) = 0, E(\mu\mu') = Q \\ E(e) = 0, E(ee') = R \end{cases} \tag{4.30}$$

这里 μ 是随机效应向量，e 是残差或抽样误差向量。矩阵 Q 和 R 是分块矩阵，矩阵元素是方差成分中向量参数 $\zeta = (\zeta_1, \cdots, \zeta_L)$ 的函数以使得 $V(y) = V = ZQZ' + R = V(\zeta)$。目标是由 $\hat{\tau} = l'\hat{\beta} + h'\hat{\mu}$ 得到的预测线性组合 $\tau = l'\beta + h'\mu$。在模型中，β 和 ζ 的 MLE 是通过解正态性方程 $X'V^{-1}(y - X\beta) = 0$ 得到，有：

$$(y - X\beta)'V^{-1}\frac{\partial V}{\partial \zeta_i}V^{-1}(y - X\beta) - trV^{-1}\frac{\partial V}{\partial \zeta_i} = 0, l = 1, \cdots, L$$

考虑到可能的极端值，相应地，Sinha 和 Rao 提出解：

$$\begin{cases} X'V^{-1}U^{1/2}\varphi_G(\mathrm{r}) = 0 \\ \varphi'_G(r)U^{1/2}V^{-1}\dfrac{\partial V}{\partial \zeta_i}V^{-1}U^{1/2}\varphi_G(\mathrm{r}) - tr\left(V^{-1}\dfrac{\partial V}{\partial \zeta_i}cI_n\right) = 0, l = 1, \cdots, L \end{cases} \tag{4.31}$$

这里 $r = U^{1/2}(y - X\beta)$，$U = Diag(V)$，$\varphi_G(r) = [\varphi_G(r_1), \varphi_G(r_2), \cdots]'$，$\varphi_G(r_k)$ 称为胡贝尔影响函数，I_n 是 n 阶一致矩阵，$C = E[\varphi_G^2(r_k)]$，

① Sinha S. K., and Rao J. N. K., "Robust Small Area Estimation," *Canadian Journal of Statistics* 37 (2009): 381－399.

其中 $r_k \sim N(0,1)$ 。注意，因为 Q 和 R 是分块矩阵，正态方程和稳健估计方程可以表示为 m 个域的和。用 $\hat{\beta}_{Rob}$ 、$\hat{\zeta}_{Rob}$ 表示方程（4.31）的结果。随机效应是通过解：

$$Z' \hat{R}^{-1/2} \varphi_G [\hat{R}^{-1/2}(y - X\hat{\beta}_{Rob} - Z_\mu)] - \hat{Q}^{-1/2}\varphi_G(\hat{Q}^{-1/2}\mu) = 0 \quad (4.32)$$

进行预测的，方程（4.32）中 $\hat{R} = R(\hat{\zeta}_{Rob}), \hat{Q} = Q(\hat{\zeta}_{Rob})$ 。通过 Hall 和 Maiti 的双重辅助方法第 I 步［见方程（4.9）］的应用来估计稳健的小域预测值的 PMSE。参数估计和辅助方法应用时所需的随机效应预测值是通过稳健估计方程（4.31）和方程（4.32）来计算的，但 Bootstrap 样本的产生是在没有极端值的初始模型中。PMSE 的估计可以通过生成一些异常的观测值来改善，因此更加贴近地反映了初始样本的特性。

（六）增加稳健性的不同模型和估计量

在这一部分，通过放宽一些模型假定或使用不同的估计量通过四种不同的方法来增加推断的稳健性。这四种研究分别关注了（4.1）式和（4.3）式中常用的域层次和单元层次模型。

M 分位数估计（经典的基于模型的小域估计方法）构造期望为 $E(y_i | x_i, \mu_i)$ 和 $E(\mu_i)$ 。使用模拟来替代 $f(y_i | x_i)$ 分布的分位数①，此时 y_i 为一标量。假定分位数的一个线性模型是一个由相关系数 $q \in (0,1)$ 引出的模型 $q = \Pr(y_i \leq x'_i\beta_q)$ 。在分位数回归中，向量 β_q 的估计是通过最小化进行的：

① Chambers R., and Tzavidis N., "M-Quantile Models for Small Area Estimation," *Biometrika* 93 (2006): 255 – 268; Tzavidis N., Marchetti S., and Chambers R., "Robust Estimation of Small-Area Means and Quantiles," *Australian and New Zealand Journal of Statistics* 52 (2010): 167 – 186.

$$\min_{\beta_q}\sum_{i=1}^{n}\{|y_i - x'_i\beta_q|[(1-q)I(y_i - x'_i\beta_q \leqslant 0) + qI(y_i - x'_i\beta_q > 0)]\} \tag{4.33}$$

M 分位数回归使用影响函数来估计 β_q ，即通过解方程：

$$\begin{cases}\sum_{i=1}^{n}\varphi_q(r_{iq})x_i = 0 \\ r_{iq} = y_i - x'_i\beta_q \\ \varphi_q(r_{iq}) = 2\varphi(s^{-1}r_{iq})[(1-q)I(r_{iq} \leqslant 0) + qI(r_{iq} > 0)]\end{cases} \tag{4.34}$$

这里 s 是一个稳健估计，φ 是一个合理的影响函数。方程（4.34）中唯一的解 $\hat{\beta}_q$ 是通过一个迭代步骤再进行加权最小二乘计算得到的。注意每一个样本值（y_i, x_i）依靠且只依靠分位数中的一个。$m_q(x_i) = x'_i\beta_q$ ，从实际情况看，分位数一般在 q 内是连续的。

假定样本包含单位水平观测值：$\{y_{ij}, x_{ij}, i = 1, \cdots, m, j = 1, \cdots, n_i\}$，确定单元（$i,j$）的值 q_{ij} 以使得 $x'_{ij}\hat{\beta}_{q_{ij}} = y_{ij}$ 。均值 θ_i 在域 i 中的一个预测值是通过在样本单元 $j \in s_i$ 下求分位数 q_{ij} 的均值来获得的：

$$\begin{cases}\hat{\theta}_i^M = N_i^{-1}(\sum_{j \in s_i} y_{ij} + \sum_{k \notin s_i} x'_{ik}\hat{\beta}_{\bar{q}_i}) \\ \bar{q}_i = \sum_{j=1}^{n_i} q_{ij}/n_i\end{cases} \tag{4.35}$$

或者，可以求相关系数 $\beta_{q_{ij}}$ 向量并用均值 $\bar{\hat{\beta}}_i = \sum_{j=1}^{n_i}\hat{\beta}_{q_{ij}}/n_i$ 代替方程（4.35）中的 $\hat{\beta}_{\bar{q}_i}$ 。向量 $\hat{\beta}_{\bar{q}_i}$ 或 $\bar{\hat{\beta}}_i$ 考虑到了域之间的区别，类似于单元层次模型（4.3）下的随机效应。

这种方法虽然假定了连续的 y 值，但是该方法受限于均值的估计。例如，域 i 中的分布函数估计为 $\hat{F}_i(t) = N_i^{-1}[\sum_{j \in s_i} I(y_{ij} \leqslant t)$

$+\sum_{k\notin s_i} I(x'_{ik}\hat{\bar{\beta}}_i \leqslant t)]$。对 M 分位数估计量（4.35），假定 $\hat{\beta}_{\bar{q}_i}$（或 $\hat{\bar{\beta}}_i$）是固定的，M 分位数估计量的方差得出了无约束的域的特定估计和在线性模型 $E(y_{ij}|x_{ij})=x'_{ij}\beta_i$ 下的带偏倚的估计。①

M 分位数的方法并没有假定参数模型，虽然其假定分位数在上面所概括的理论协变量中是线性的。如果保持使用单元层次模型（4.3），模型的使用会更加有效，但是 Chambers 和 Tzavidis 解释说 M 分位数相对模型的误设来说可能是更加稳健的。需要注意的是这种方法不会局限于小域的一个明确定义。通过在估计方程（4.34）中选择一个合理的影响函数，也考虑了可能存在的异常值。另外，似乎没有明确的方法阐明如何去预测非抽样域的均值或其他目标分位数。一个合适的简单方法可能会是对这些域确定 $q=0.5$ 或加权相邻抽样域的 q 值，但是这会产生一些问题，即如何去估计相应的 PMSE，除非是在一个模型内。

稳健推断的另一种方法是惩罚样条回归（Penalized S-Pline Regression）的使用。这个思想是为了避免对响应变量的期望设定一个确定的函数形式。假设存在一个单一的协变量，惩罚样条回归模型假定 $y=m_0(x)+\varepsilon, E(\varepsilon)=0, Var(\varepsilon)=\sigma_\varepsilon^2$。均值 $m_0(x)$ 被认为是未知的，且近似为：

$$\begin{cases} m(x)=\beta_0+\beta_1 x+\cdots+\beta_p x^p+\sum_{k=1}^{K}\gamma_k(x-K_k)_+^p \\ (x-K_k)_+^p=\max[0,(x-K_k)^p] \end{cases} \tag{4.36}$$

这里 p 是样条的度，$K_1<\cdots<K_k$ 是固定的结点。对于 x 范围

① Chambers R., and Tzavidis N., "M-Quantile Models for Small Area Estimation," *Biometrika* 93 (2006): 255–268.

中大的 K 是良好的结点，样条（4.36）很好地拟合最平滑函数。它使用基（底）$[1,x,\cdots,x^p,(x-K_1),\cdots,(x-K_k)_+^p]$ 来粗略估计均值，但是其他的基可能会被考虑，尤其是存在更多协变量的时候。

把样条（4.36）中的相关系数 γ 看作额外的随机效应，使用 p 样条回归做小域估计。① 假定数据包括单位观测值 $\{y_{ij},x_{ij},i=1,\cdots,m,j=1,\cdots,n_i\}$ 。对于域 i 中的单元 j，所考虑的模型为：

$$y_{ij}=\beta_0+\beta_1x_{ij}+\cdots+\beta_px_{ij}^p+\sum_{k=1}^{K}\gamma_k(x_{ij}-K_k)_+^p+\mu_i+\varepsilon_{ij} \tag{4.37}$$

这里 u_i 是普通域的随机效应，ε_{ij} 是残差。取 $\mu=(\mu_1,\cdots,\mu_m)'$，$\gamma=(\gamma_1,\cdots,\gamma_k)'$，如果单元 j 在域 i 中，并表示有 $d_j=(d_{1j},\cdots,d_{mj})'$ 和 $D=(d_1,\cdots,d_n)'$，所有响应值的向量 y 支持的模型可以简写为：

$$\begin{cases}y=X\beta+Z\gamma+D\mu+\varepsilon\\ \gamma\sim(0,\sigma_\gamma^2I_k)\\ \mu\sim(0,\sigma_\mu^2I_m)\\ \varepsilon\sim(0,\sigma_\varepsilon^2I_n)\end{cases} \tag{4.38}$$

这里 $X=(x_1^{(p)},\cdots,x_n^{(p)})'$，其中 $x_l^{(p)}=(1,x_l,\cdots,x_l^p)'$，而且 $Z=(z_1,\cdots,z_n)'$，其中 $z_l=[(x_l-K_1)_+^p,\cdots,(x_l-K_k)_+^p]'$。模型（4.38）同模型（4.30）相似，但是响应值 y_{ij} 在域间因为相同的随机效应 γ 而不独立。尽管如此，(β,μ,γ) 的 BLUP 和 EBLUP 可以使用标准的结果得到。小域 EBLUP 通过下式得到：

① Opsomer J. D., Claeskens G., Ranalli M. G., Kauermann G., and Breidt F. J., "Non-Parametric Small Area Estimation Using Penalized Spline Regression," *Journal of the Royal Statistical Society: Series B (Statistical Methodology)* 70 (2008): 265-286.

$$\begin{cases} \hat{\theta}_{i,EBLUP}^{P-spline} = \hat{\beta}'\overline{X}_i^{(p)} + \hat{\gamma}'\overline{Z}_i + \hat{\mu}_i \\ \overline{X}_i^{(p)} = \sum_{l \in U_i} x_l^{(p)} / N_i \\ \overline{Z}_i = \sum_{l \in U_i} z_l / N_i \end{cases} \tag{4.39}$$

这种方法的使用要求对总体中每个元素的协变量是已知的。在未知方差由残差极大似然法进行估计的情况下导出了精确到二阶的 EBLUP 的 PMSE 和精确到相同阶的带有偏倚的 PMSE 估计量。① 针对估计 PMSE 和检验假设 $\sigma_u^2 = 0$ 与无随机效应的 $\sigma_\gamma^2 = 0$ 的情况，也构造了一个非参辅助运算方法。使用一个和（4.38）式相似的模型，但并不计算模型中的 EBLUP，对极端值提出了稳健的预测②，该方法类似但又与模型（4.30）描述的对线性混合模型③构造的方法不完全一样。

考虑用贝叶斯经验似然法代替完全的参数似然法作为稳健推断的另外一种方法。④ 当与近似合理的先验值结合时，定义一个半参数贝叶斯方法，可以处理域层次和单元层次模型中连续的和离散的结果，并没有指定结果的分布要在经典贝叶斯方法下。用 $\theta = (\theta_1, \cdots, \theta_m)'$ 和 $y = (y_1, \cdots, y_m)'$ 表示域参数和相应的直接估计量，用 $\tau = (\tau_1, \cdots,$

① Opsomer J. D., Claeskens G., Ranalli M. G., Kauermann G., and Breidt F. J., "Non-Parametric Small Area Estimation Using Penalized Spline Regression," *Journal of the Royal Statistical Society: Series B (Statistical Methodology)* 70 (2008): 265 - 286.

② Rao J. N. K., Sinha S. K., and Roknossadati M., Robust Small Area Estimation Using Penalized Spline Mixed Models (paper represented at Proceedings of the Survey Research Methods Section, 2009), pp. 145 - 153.

③ Sinha S. K., and Rao J. N. K., "Robust Small Area Estimation," *Canadian Journal of Statistics* 37 (2009): 381 - 399.

④ Chaudhuri S., and Ghosh M., "Empirical Likelihood for Small Area Estimation," *Biometrika* 98 (2011): 473 - 480.

τ_m）表示定义 y_i 的累积分布的“激增”，因此 $\sum_{i=1}^{m}\tau_i = 1$。贝叶斯经验似然法估计量 $L_E = \prod_{i=1}^{m}\tau_i$，且对于所给的部分 $E(y_i|\theta_i) = k(\theta_i)$，$Var(y_i|\theta_i) = V(\theta_i)$。估计值 $\hat{\tau}(\theta)$ 是受约束的最大化问题的估计结果：

$$\begin{cases} \max\limits_{\tau_1,\cdots,\tau_m} \prod\limits_{i=1}^{m}\tau_i \\ \text{s.t. } \tau_i \geqslant 0 \\ \quad \sum\limits_{i=1}^{m}\tau_i = 1 \\ \quad \sum\limits_{i=1}^{m}\tau_i[y_i - k(\theta_i)] = 0 \\ \quad \sum\limits_{i=1}^{m}\tau_i\left\{\dfrac{[y_i - k(\theta_i)]^2}{V(\theta_i)} - 1\right\} = 0 \end{cases} \tag{4.40}$$

在域模型（4.1）下有 $k(\theta_i) = \theta_i = x'_i\beta + \mu_i$ 和 $V(\theta_i) = \sigma^2_{D_i}$。假定了 $(\beta,\mu_1,\cdots,\mu_m,\sigma^2_u)$ 的合适的先验值，对于 θ 来说，保证其后验分布 $\pi(\theta|y)$ 也是恰当的。对于给定的 θ，受约束的最大化问题是 $\pi(\theta|y)$ 通过标准的方法得到解决，且通过将贝叶斯经验似然法与先验分布相结合，来获取通过 MCMC 模拟的后验分布 $\pi(\theta|y)$。

对于单元层次模型（4.3），有 $E(y_{ij}|\theta_{ij}) = k(\theta_{ij}) = x'_{ij}\beta + \mu_i$ 和 $Var(y_{ij}|\theta_{ij}) = V(\theta_{ij}) = \sigma^2_\varepsilon$。用 τ_{ij} 表示域 i 中累积分布的“激增”，这种情形中贝叶斯经验似然法估计量定义为 $L_E = \prod_{i=1}^{m}\prod_{j=1}^{n_i}\tau_{ij} = \prod_{i=1}^{m}\tau_{(i)}$，且对于给定 $\theta_{(i)} = (\theta_{i1},\cdots,\theta_{in_i})'$，$\hat{\tau}_{(i)}(\theta) = [\hat{\tau}_{(i1)}(\theta),\cdots,\hat{\tau}_{(in_i)}(\theta)]'$ 是域特定的最大化的估计结果，有：

$$
\begin{cases}
\max\limits_{\{\tau_{ij}\}} \prod\limits_{i=1}^{n_i} \tau_{ij} \\
\text{s. t. } \tau_{ij} \geqslant 0 \\
\quad \prod\limits_{j=1}^{n_i} \tau_{ij} = 1 \\
\quad \prod\limits_{j=1}^{n_i} \tau_{ij} [y_{ij} - k(\theta_{ij})] = 0 \\
\quad \sum\limits_{j=1}^{n_i} \tau_{ij} \left\{ \frac{[y_{ij} - k(\theta_{ij})]^2}{V(\theta_{ij})} - 1 \right\} = 0
\end{cases}
\tag{4.41}
$$

在域层次模型下，我们估计中国城镇家庭的中间收入的方法，同一年人口普查的数据显示，比起抽样调查估计和直接估计的正态假定下得到的 HB 预测，域层次模型方法能够得出更好的预测。

对于最佳预测的小域估计，本书之前探讨的三种方法中，预期的稳健性是通过放宽一些模型假定实现的，可以改变固定模型参数的估计。思想非常简单，在经典基于模型的小域估计中，EBLUP 或经验贝叶斯预测值是通过用参数的极大似然估计值或残差极大似然估计值来替换 BP 表达式中的参数得到的。注意在小域估计中，真实的目标是域均值的预测，且模型参数的估计仅仅是一个中间的步骤，Jiang et al. 提出用这样的一种方法，即假定产生的预测估计在一些损失函数中是最优的，来估计固定的参数。①

考虑带有正态性误差的域层次模型（4.1），首先假设 σ_u^2 是已知的。在该模型下，$E(y_i) = x'_i\beta$ ，但是假设模型是错误拟合的，且 $E(y_i) = \mu_i$ ，这样 $\theta_i = \mu_i + u_i$ ，$i = 1,2,\cdots,m$ 。让 $\tilde{\theta}_i$ 作为 θ_i 的预测估计值，并定义均方预测误差为：

① Jiang J. , Nguyen T. , and Rao J. S. , "Best Predictive Small Area Estimation," *Journal of the American Statistical Association* 106 (2011): 732 – 745.

$$MSE(\tilde{\theta}) = \sum_{i=1}^{m} E(\tilde{\theta}_i - \theta_i)^2$$

这里的期望是在修正模型中得出的。通过模型（4.2），对给定的β，BP的MSE是$MSE[\tilde{\theta}(\beta)] = E\{\sum_{i=1}^{m}[\gamma_i y_i + (1-\gamma_i)x'_i\beta - \theta_i]^2\}$。要使与$\beta$相关的期望的表达式最小化，这等同于最小化：

$$\sum_{i=1}^{m}[(1-\gamma_i)^2(x'_i\beta)^2 - 2\sum_{i=1}^{m}(1-\gamma_i)^2 x'_i\beta y_i]$$

这样就产生了最优预测估计量（BPE）：

$$\tilde{\beta} = [\sum_{i=1}^{m}(1-\gamma_i)^2 x_i x'_i]^{-1}\sum_{i=1}^{m}(1-\gamma_i)^2 x_i y_i \qquad (4.42)$$

注意，除非$Var_D(e_i) = \sigma^2_{D_i} = \sigma^2_D$，否则$\tilde{\beta}$不同于模型（4.1）中常用的GLS估计量；$\hat{\beta}_{GLS} = (\sum_{i=1}^{m}\gamma_i x_i x'_i)^{-1}\sum_{i=1}^{m}\gamma x_i y_i \ {}_i\theta_i$的观测的最优预测（OBP）是在模型（4.1）下用模型（4.42）中的$\tilde{\beta}$替换$\hat{\beta}_{GLS}$而得到的。这种情况下Jiang et al.也推断出$\varphi = (\beta', \sigma^2_u)'$的BPE，其中$\sigma^2_u$是未知的，贝叶斯预测值是用$\varphi$的BPE替换$\sigma^2_u$和$\hat{\beta}_{GLS}$得到的。①其真实均值和MSE分别被定义为：$\theta_i = \bar{Y}_i$和$MSE[\tilde{\theta}(\varphi)] = \sum_{i=1}^{m}E_D[\tilde{\theta}_i(\varphi) - \theta_i]^2$，是针对单元层次模型（4.3）的另一种扩展。这里$\varphi = (\beta', \sigma^2_u, \sigma^2_\varepsilon)$，$E_D(\cdot)$是在所有可能的样本选择中得到的基于设计的期望，这个期望是随机的。在这种情况下使用设计期望的原因是其几乎不存在模型假定。

① Jiang J., Nguyen T., and Rao J. S., "Best Predictive Small Area Estimation," *Journal of the American Statistical Association* 106 (2011): 732 – 745.

使用构造数据和真实数据的理论推导和实证研究说明如果潜在的模型是错误拟合的，依据 PMSE，BPE 可能显著地优于 EBLUP。这两个预测值表明在修正的拟合模型下存在相似的 PMSE。

（七）顺序均值的预测

在域水平模型 $\bar{y}_i = \mu + u_i + e_i = \theta_i + e_i$ 下预测顺序均值 $\theta_{(1)} \leqslant \theta_{(2)} \leqslant \cdots \leqslant \theta_{(m)}$，其有 $u_i \overset{\text{iid}}{\sim} H(0,\sigma_u^2)$，$e_i \overset{\text{iid}}{\sim} G(0,\sigma_e^2)$；$H$ 和 G 是带有零均值和方差 σ_u^2 和 σ_e^2 的一般分布。① 为了说明顺序均值和非顺序均值之间的不同，考虑 $\theta_{(m)} = \max_i\{\theta_i\}$ 的预测。如果 $\hat{\theta}_i$ 满足 $E(\hat{\theta}_i | \theta_i) = \theta_i, i = 1,\cdots,m$，则 $E(\max_i\{\hat{\theta}_i\} | \{\theta_j\}) \geqslant \theta_{(m)}$，从而导致最大的估计量过高估计了真实的最大均值。另一方面，贝叶斯预测 $\theta_i^* = E(\theta_i | \{\hat{\theta}_j\})$ 满足 $E(\max_i\{\theta_i^*\}) < E(\theta_{(m)})$，则过低估计了期望。

从贝叶斯的角度考虑了顺序均值的预测，但是他们的方法要求烦琐的数值计算且对先验值的选取很敏感。② 在频率学派的方法下比较了顺序均值的三种预测③，运用损失函数 $L(\tilde{\theta}_{(\cdot)},\theta_{(\cdot)}) = \sum_{i=1}^{m}(\tilde{\theta}_{(\cdot)} - \theta_{(\cdot)})^2$ 和贝叶斯风险 $E[L(\tilde{\theta}_{(\cdot)},\theta_{(\cdot)})]$。用 $\hat{\theta}_i$ 定义 θ_i 的直接估计，且 $\hat{\theta}_{(i)}$ 是第 i 个顺序直接估计值（统计量）。通过比较，预测估计是：

---

① Malinovsky Y., and Rinott Y., "Prediction of Ordered Random Effects in a Simple Small Area Model," *Statistica Sinica* 20 (2009): 1-30.

② Wright D. L., Stern H. S., and Cressie N., "Loss Functions for Estimation of Extrema with an Application to Disease Mapping," *Canadian Journal of Statistics* 31 (2003): 251-266.

③ Malinovsky Y., and Rinott Y., "Prediction of Ordered Random Effects in a Simple Small Area Model," *Statistica Sinica* 20 (2009): 1-30.

$$\begin{cases}\tilde{\theta}_{(i)}^{(1)} = \tilde{\theta}_{(i)} \\ \tilde{\theta}_{(i)}^{(2)}(\delta) = \delta\hat{\theta}_{(i)} + (1-\delta)\bar{\hat{\theta}}, \bar{\hat{\theta}} = \sum_{i=1}^{m} \hat{\theta}_i / m \\ \tilde{\theta}_{(i)}^{(3)} = E(\theta_{(i)} \mid \hat{\theta}), \hat{\theta} = (\hat{\theta}_1, \cdots, \hat{\theta}_m)' \end{cases} \tag{4.43}$$

下面的结果假定 σ_u^2 和 σ_e^2 已知，由 $\bar{\hat{\theta}}$ 来进行估计。在使用预测估计 $\tilde{\theta}_{(i)}^{(k)}$（$k = 1,2,3$）的时候，用 $\tilde{\theta}_{(\cdot)}^{[k]}$ 表示顺序均值的预测值，且当预测非顺序均值的时候取 $\gamma = \sigma_u^2(\sigma_u^2 + \sigma_\varepsilon^2)^{-1}$ 为收缩相关系数。Malinovsky 和 Rinott 导出了几种理论进行比较。

例如，如果 $\gamma \leqslant (m-1)^2/(m+1)^2$，则对于所有的 $\gamma \leqslant \delta \leqslant 1$，有

$$E\{L[\tilde{\theta}_{(\cdot)}^{[2]}(\delta), \theta_{(\cdot)}]\} \leqslant E\{L[\tilde{\theta}_{(\cdot)}^{[1]}(\delta), \theta_{(\cdot)}]\} \tag{4.44}$$

注意 $\lim\limits_{m\to\infty}[(m-1)^2/(m+1)^2] = 1$，它遵循（4.44）式且近似地适用于所有的 γ，不等式 $\gamma \leqslant \delta \leqslant 1$ 意味着对均值的直接估计的更少的收缩。特别地，对于 $\tilde{\theta}_{(\cdot)}^{[2]}(\delta)$ 来说，δ 的最优选择满足 $\lim\limits_{m\to\infty}\delta^{opt} = \gamma^{1/2}$。

以上的结果都假定一般分布 H 和 G。当这些分布为正态分布时，则当 $m = 2$ 时，对所有的 δ 有：$E[L(\tilde{\theta}_{(\cdot)}^{[3]}, \theta_{(\cdot)})] \leqslant E\{L[\tilde{\theta}_{(\cdot)}^{[3]}(\delta), \theta_{(\cdot)}]\}$。模拟方法得出的推测也适用于 $m > 2$。然而，模拟方法表明对于充分大的 m，特别当 $m \geqslant 25$ 时，$\tilde{\theta}_{(\cdot)}^{[3]}$ 可由 $\tilde{\theta}_{(\cdot)}^{[2]}(\gamma^{1/2})$ 有效代替。经验上表明后两个结论也适用于这种情况，即 σ_u^2 是未知的，且由 MOM 方差估计代替。

结合上面的讨论，预测顺序均值的问题是不同于给其排名的，即小域估计中著名的三重目标估计中的一个。三重目标估计包括产生“良好的”域特定的估计，“良好的”直方图分布估计和“良好的”

排名估计。① 也可以考虑估计域均值极差的另一个相关问题。② 从理论上和通过模拟方法表明直接估计量的极差过高估计了真实极差，而经验贝叶斯估计量的极差过低估计了真实极差。通过使用受约束的经验贝叶斯估计量来减少偏倚。对于所考虑的模型，受约束的估计量通过用 $\tilde{\gamma} \cong \gamma^{-1/2}$ 替换收缩相关系数 $\gamma = \sigma_u^2(\sigma_u^2 + \sigma_\varepsilon^2)^{-1}$ 来得到，这较少地缩减了直接估计量。③

第二节　信息抽样和非响应下的小域估计

本书讨论的所有研究都假定，至少是暗含的假定：抽样域的选择和在选择域内进行抽样设计都是不提供信息的，这意味着为总体值假定的模型也适用于不存在抽样偏倚的抽样数据。然而，这种情况一般是不可能发生的。正如相关文献所阐明的，忽略信息抽样的影响可能使推断产生很严重的偏倚。非随机缺失值（NMAR）也存在这种类似的问题，在非随机缺失值存在的情况下，响应值的概率依靠缺失的数据，如果考虑的不合理，这可能又会使预测值发生偏倚。这些问题在经典频率学派和贝叶斯学派方法中都受到了关注。

考虑了域的信息抽样和在域内进行信息抽样的问题④，其基本思

① Rao J. N. K., *Small Area Estimation* (New York: Wiley, 2003).

② Judkins D. R., and Liu J., "Correcting the Bias in the Range of a Statistic Across Small Areas," *Journal of Official Statistics* 16 (2000): 1－14.

③ Malinovsky Y., and Rinott Y., "Prediction of Ordered Random Effects in a Simple Small Area Model," *Statistica Sinica* 20 (2009): 1－30.

④ Pfeffermann D., and Sverchkov M., "Small-Area Estimation Under Informative Probability Sampling of Areas and Within the Selected Areas," *Journal of the American Statistical Association* 102 (2007): 1427－1439.

想是对观测数据拟合一个样本模型，然后探讨样本模型、总体模型和样本余集模型（保留非抽样单元的模型）之间的关系，以便得到抽样域和非抽样域的均值的无偏预测。

考虑一个二阶段抽样设计，在设计中第一阶段按照概率 $\pi_i = \Pr(i \in s)$，从 M 个域中选择 m 个域，然后按照概率 $\pi_{j|i} = \Pr(j \in s_i | i \in s)$ 从第 i 个包含 N_i 个单元的选择域中选取 n_i 个单元。用 I_i 和 I_{ij} 表示两步抽样的样本指标变量，用 $w_i = 1/\pi_i$ 和 $w_{j|i} = 1/\pi_{j|i}$ 表示第一步和第二步抽样的权重。假设第一层的域随机效应 $\{u_1, \cdots, u_M\}$ 从具有概率密度函数 $f_p(u_i)$ 的一个分布中独立地产生，且对于给定的 u_i，第二层的值 $\{y_{i1}, \cdots, y_{iN_i}\}$ 从具有概率密度函数 $f_p(y_{ij} | x_{ij}, u_i)$ 的一个分布中独立产生。u_i 的第一层样本条件概率密度函数，即域 $i \in s$ 的 u_i 的概率密度函数是：

$$\begin{aligned} f_s(u_i) &\overset{\text{def}}{=} f(u_i | I_i = 1) \\ &= \Pr(I_i = 1 | u_i) f_p(u_i) / \Pr(I_i = 1) \\ &= E_s(w_i | u_i) f_p(u_i) / E_s(w_i) \end{aligned} \tag{4.45}$$

这里，u_i 的第一层样本补充条件概率密度函数，即域 $i \notin s$ 的 u_i 的概率密度函数是：

$$f_c(u_i) \overset{\text{def}}{=} f(u_i | I_i = 0) = \Pr(I_i = 0 | u_i) f_p(u_i) / \Pr(I_i = 0) \tag{4.46}$$

需要注意的是，如果 $\Pr(I_i = 1 | u_i) = \Pr(I_i = 1)$，这种情况下域的选择是不提供信息的，而总体、样本和样本余集概率密度函数是相同的。对给出的随机效应值，在选择域内输出结果 y_{ij} 的样本概率密度函数、总体概率密度函数和样本余集概率密度函数之间存在相似的关系。

Pfeffermann 和 Sverchkov 使用一系列的假定解释估计方法[①]，假定样本模型是带有正态随机效应和残差的单元层次模型，而带有选择域的抽样权重有样本模型期望为：

$$E_{si}(w_{j|i}|x_{ij},y_{ij},u_i,I_i=1)=E_{si}(w_{j|i}|x_{ij},y_{ij},I_i=1)=k_i\exp(a'x_{ij}+by_{ij}) \tag{4.47}$$

这里 $k_i=N_i(n_i)^{-1}\sum_{j=1}^{N_i}\exp(a'x_{ij}+by_{ij})/N_i$，$a$ 和 b 为常数矩阵。对域选择概率和域均值之间的关系，没有假定任何模型。在这个模型下且对于给定参数 $\{\boldsymbol{\beta}',b,\sigma_u^2,\sigma_\varepsilon^2\}$，在抽样域 i 中的真实均值 $\bar{Y}_i$ 可以预测为：

$$\begin{aligned}\hat{\bar{Y}}_i&=E_p(\bar{Y}_i|D_s,I_i=1)\\&=\frac{1}{N_i}\{(N_i-n_i)\hat{\theta}_i+n_i[\bar{y}_i+(\bar{X}_i-\bar{x}_i)'\boldsymbol{\beta}]+(N_i-n_i)b\sigma_e^2\}\end{aligned} \tag{4.48}$$

这里 D_s 代表所有已知数据，$\hat{\theta}_i=\bar{X}_i'\boldsymbol{\beta}+\hat{u}_i$ 是样本模型均值 $\theta_i=\bar{X}_i'\boldsymbol{\beta}+u_i$ 的最优预测。（4.48）式中的最后一项纠正了样本选择的影响，即在抽样域中对样本余集期望和样本期望进行了区别。

不在样本中的域 k 的均值 $\bar{Y}_k$ 可以预测为：

$$\hat{E}_p(\bar{Y}_k|D_s,I_k=0)=\bar{X}'_k\boldsymbol{\beta}+b\sigma_e^2+[\sum_{i\in s}(w_i-1)\hat{u}_i/\sum_{i\in s}(w_i-1)] \tag{4.49}$$

（4.49）式的最后一项纠正了一个事实，即样本以外的域中随机效应的均值不等于信息选择域下的零。Pfeffermann 和 Sverchkov 总结出了测试方法来测试样本选择的信息量，并且用一个辅助方法来对样

① Pfeffermann D., and Sverchkov M., "Small-Area Estimation Under Informative Probability Sampling of Areas and Within the Selected Areas," *Journal of the American Statistical Association* 102 (2007): 1427–1439.

本进行估计来替换未知模型参数的经验预测值的 PMSE。这个方法可以通过使用第三次美国健康和营养调查（NHANES Ⅲ）的数据来预测美国的县内平均的身体质量指数（BMI）。

Malec et al. ① 以及 Nandram 和 Choi② 同样考虑了第三次美国健康和营养调查（NHANES Ⅲ）统计的县级 BMI 的估计，这两篇文章都考虑了在相似方式下的域内信息抽样，但后一篇文章还考虑了信息缺失值。两篇文章的另外一个不同是 Malec et al. 考虑了二元总体结果：超重或正常状态，而且还带有包含固定的和多元的随机域效应的 Logistic 概率，而 Nandram 和 Choi 针对连续的 BMI 的测量值假定了一个对数正态分布，它包含均值的固定和随机的域效应的线性样条回归。为了考虑抽样影响，两篇文章都假定在一个指定的单元集下每一个抽样单元代表 $k-1$ 个其他单元（非抽样的），单元 j 在概率 $\pi^*_{(j)}$ 下进行选择，$\pi^*_{(j)}$ 可以取单元集中 G 个观察值 π^*_g 中的某一个，这里 $g=1,\cdots,G$。这些群是根据县的特征和人口统计学的特征来定义的。特别地，如果单元 j 是抽样的或非抽样的，则取 $\delta_j=1$ 或 $\delta_j=0$。对于一个给定群，Malec et al. 模型假定：

$$\begin{cases}\{\delta_j \mid K\pi^*_{(j)}\} \overset{\text{ind}}{\sim} Bernonlli(\pi^*_{(j)}),\ j=1,\cdots,K \\ \Pr(\pi^*_{(j)}=\pi^*_q \mid \theta_{gy}, y_i=y)=\theta_{gy}, y=0,1, g=1,\cdots,G \\ \Pr(y_i=y \mid p)=p^y(1-p)^{1-y}, 0\leqslant p\leqslant 1, p(K)=1\end{cases} \tag{4.50}$$

① Malec D., Davis W. W., and Cao X., "Model-Based Small Area Estimates of Overweight Prevalence Using Sample Selection Adjustment," *Statistics in Medicine* 18 (1999): 3189-3200.

② Nandram B., and Choi J. W., "A Bayesian Analysis of Body Mass Index Data from Small Domains Under Nonignorable Nonresponse and Selection," *Journal of the American Statistical Association* 105 (2010): 120-135.

它服从以下分布：

$$
\begin{aligned}
&P(\delta_j = 1, y_i = y, \pi^*_{(j)} = \pi^*_g, \{\delta_k = 0\}_{k\neq j}, \theta, p) \\
&\propto \frac{p^y (1-p)^{1-y}}{\sum_{g=1}^{G} \pi^*_g \sum_{y=0}^{1} \theta_{gy} p^y (1-p)^{1-y}}
\end{aligned} \tag{4.51}
$$

其中，$\hat{\theta}_{gy} = (\tau_{gy}/\pi^*_g)/\sum_{g^*=1}^{G}(\tau_{g^* y}/\pi^*_{g^*})$，这里 τ_{gy} 是在群组内对于超重状态 y 的单元集中观察值 π^*_g 的样本频率。Malec et al. 将估计值加入（4.51）式中，也包括模型的随机效应分布的完全似然估计值。

通过允许结果为连续的，Nandram 和 Choi 扩展了模型（4.50），同时假定 $\Pr[\pi^*_{(j)} = \pi^*_g | \theta_g(y), y] = \theta_g(y)$，$-\infty < y < \infty$。对于 $a_{l-1} < y < a_l$，这里 $\theta_g(y) = \theta_{gl}$。且对 y 用一个连续的概率密度函数替换伯努利分布。考虑到信息无响应，Nandram 和 Choi 假定带有 $\text{logit}(p'_{ij}) = v_{0i} + v_{1i} y_{ij}$ 的响应值概率 p'_{ij} 是符合逻辑的，这里 $\{(v_{0i}, v_{1i})\}$ 是另一组二变量正态分布的随机效应。

上述分析表明，Malec et al. 以及 Nandram 和 Choi 都使用了具备合理先验分布的完全贝叶斯方法以取得各自模型下的小域预测。

Zhang 使用不同的模型对这一问题进行了总结。[①] 在 NMAR 存在的情况下考虑了小域组成的估计。组成是分类变量类别的计数或比例，例如住户类型，对于每个域都有组成的估计。通过假定构造的广义保结构估计模型具有完整的数据，即没有缺失值，解决了这个问题。[②] 为

① Zhang L. C.，"Estimates for Small Area Compositions Subjected to Informative Missing Data，" *Survey Methodology* 35（2009）：191－201.

② Zhang L. C.，and Chambers R. L.，"Small Area Estimates for Cross-Classifications，" *Journal of the Royal Statistical Society*：*Series B*（*Statistical Methodology*）66（2004）：479－496.

了考虑缺失值，假定响应的概率是符合逻辑的，假定有一个固定的组成效应 ξ_c 和一个随机域效应 b_a 作为解释变量。这点对于所有由“域×类”定义的一个给定单元内的所有单位来说，概率相同。因此，模型依靠两组随机效应，一组是隐含的完整数据，其在定义广义保结构估计模型的每个域中有相关多元正态组成效应的一个向量，另一组是响应概率。使用期望最大算法（EM）运算扩展广义保结构估计下的小域的构成，并在该模型下估计了 PMSE，同时考虑了固定和随机效应估计。这个方法适用于挪威的真实数据集。①

第三节　模型的选择和检验

模型的选择和检验是小域估计中主要问题之一，因为模型通常含有不可观测的随机效应，随机效应的分布一般有一定的限制，或者在某些情况下不包含任何信息。注意到，经典模型选择标准，例如最小信息准则（AIC）并不直接适用于混合模型，因为它们使用似然法，似然法要求随机效应的分布具有规范性的特点，而且在决定有效参数个数方面也有不同。下面，从经典频率学派和贝叶斯学派的角度对用于模型选择和验证的几个最近的研究进行介绍。这些研究被认为是“普通的”检验方法的补充，这些方法是基于图形表示、显著性检验、预测值和它们预测值的均方误差对似然法和先验分布选择的灵敏度，及抽样域中独立模型的预测值和相关模型的直接估计量的比较。

① Zhang L. C.，“Estimates for Small Area Compositions Subjected to Informative Missing Data，” *Survey Methodology* 35（2009）：191－201.

这样的模型评价方法在有关小域的几乎每篇文章中都能找到，提出了不同领域的应用。[①]

假定 $Var(u_i) = Q, Var(e_i) = \sigma^2 I_{n_i}$ 的模型（4.6）的 AIC 的使用。Vaida 和 Blanchard 区分了致力于固定效应的边际模型的推断和相关随机效应向量在小域中计算模型的推断。[②] 对于第一种情况，模型可以定义为一个带有相关残差的回归模型：$y_i = X_i\beta + u_i$ ，$u_i + Z_i u_i + e_i \sim N(0, Z_i Q Z'_i + \sigma^2 I_{n_i})$ 。对于这种情况，经典的边际最小信息准则（MAIC），即 $MAIC = -2\ln[g(y|\hat{\varphi}_{MLE})] = 2P$ 适用，这里 y 是所有观测值的向量，$g(y|\hat{\varphi}_{MLE})$ 是基于 φ 的 MLE 估计出的边际似然函数，向量包含 β 、σ^2 和未知的 Q 元素，并且 $P = \dim(\varphi)$ 。Gurka 通过模拟验证了在这种情况下也可以使用带有 $\hat{\varphi}_{REML}$ 的 MAIC，尽管在不同的模型中使用不同的固定效应设计矩阵。[③]

问题的焦点在于模型如何在小域情况下运行，针对这一问题，Vaida 和 Blanchard 使用一个条件的 AIC[④]，对于给定的似然函数 $g(y|\psi, u)$ ，条件 AIC 被定义为：

---

① Mohadjer L., Rao J. N. K., Liu B., Krenzke T., and Van De Kerckhove W., "Hierarchical Bayes Small Area Estimates of Adult Literacy Using Unmatched Sampling and Linking Models," *Journal of the Indian Society of Agricultural Statistics* 66 (2012): 55-63; Nandram B., and Choi J. W., "A Bayesian Analysis of Body Mass Index Data from Small Domains Under Nonignorable Nonresponse and Selection," *Journal of the American Statistical Association* 105 (2010): 120-135.

② Vaida F., and Blanchard S., "Conditional Akaike Information for Mixed-Effects Models," *Biometrika* 92 (2005): 351-370.

③ Gurka M. J., "Selecting the Best Linear Mixed Model Under REML," *The American Statistician* 60 (2006): 19-26.

④ Vaida F., and Blanchard S., "Conditional Akaike Information for Mixed-Effects Models," *Biometrika* 92 (2005): 351-370.

$$\begin{cases} cAIC = -2\ln g(y \mid \hat{\psi}_{MLE}, \hat{u}) = 2P^{*} \\ P^{*} = \dfrac{n(n-k-1)(\rho+1)+(k+1)}{(n-k)(n-k-2)} \end{cases} \tag{4.52}$$

这里 k 为协变量的个数，$\hat{u} = E(u \mid \hat{\varphi}_{MLE}, y)$ 为 u 的 EBP，$\rho = tr(H)$，其中 H 被定义为观测值向量 y 的矩阵，y 的拟合向量为 $\hat{y} = X\hat{\beta} + Z\hat{u}$，例如 $\hat{y} = Hy$。注意，在这个条件 AIC 的定义下，u_is 是附加的参数。对于 φ 由 REML 估计的情况，也形成了条件 AIC。Vaida 和 Blanchard 的研究包含了关于条件 AIC 的性质的理论结果和说明它的良好表现的经验结果。(4.52) 式的使用并不受限于误差项服从正态分布的线性混合模型，也可以用于选择设计矩阵 X_i 和 Z_i。

Pan 和 Lin 基于估计的累积残差和，为 GLMM 提出了可选择的拟合优度检测统计资料。① 对于 $y_i = X_i\beta + Z_iu_i + e_i, i = 1, \cdots, m$，GLMM 假定存在一一对应的函数 $g(\cdot)$，满足 $g[E(y_{ij} \mid u_i)] = x'_{ij}\beta + z'_{ij}u_i$，这里 x_{ij} 和 z_{ij} 是与单元 $(i,j) \in s_i$ 相一致的矩阵 X_i 和 Z_i 的行。y_{ij} 的无条件预测为 $m_{ij}(\varphi) = E(y_{ij}) = E_{u_i}[g^{-1}(x'_{ij}\beta + z'_{ij}u_i)]$，其实是由 $m_{ij}(\hat{\varphi})$ 估计的。因此估计的模型残差是 $e_{ij} = y_{ij} - m_{ij}(\hat{\varphi})$，且它们是由数值积分计算的。Pan 和 Lin 考虑了两个基于残差集分布的统计资料：

$$\begin{cases} W(x) = n^{-1/2}\sum_{i=1}^{m}\sum_{j=1}^{n_i} I(x_{ij} \leqslant x)e_{ij} \\ W_g(r) = n^{-1/2}\sum_{i=1}^{m}\sum_{j=1}^{n_i} I(\hat{m}_{ij} \leqslant r)e_{ij} \end{cases} \tag{4.53}$$

这里 $I(x_{ij} \leqslant x) = \prod_{l=1}^{k} I(x_{ijl} \leqslant x_l)$，特别地，为了检验第 l 个协变量

① Pan Z., and Lin D. Y. "Goodness-of-Fit Methods for Generalized Linear Mixed Models," *Biometrics* 61 (2005): 1000 - 1009.

的函数形式，可以考虑过程 $W_l(x) = n^{-1/2}\sum_{i=1}^{m}\sum_{j=1}^{n_i} I(x_{ijk} \leqslant x)e_{ij}$ ，这是 $W(x)$ 的一个特殊情况。Pan 和 Lin 为 $W_l(x)$ 的零分布构造了一个简单的近似,并用其进行直观检验,这是通过绘制零分布下的不同 x 值相对应的观测值来进行的,并且是由上确界 $S_l = \sup_x |W_l(x)|$ 定义的一个正规检验，近似统计量 S_l 用于检验模型确定部分的函数形式。

为了检验相关函数的合理性，Pan 和 Lin 使用了相似步骤，同时为直观检验使用统计量 $W_g(r)$ ，为正规检验使用 $S_g = \sup_g |W_g(r)|$ 。根据 Pan 和 Lin 文章中所讨论的，虽然针对模型的不同部分提出了不同的检验，但是每个检验实际上检验了整个模型，同时包括关于随机部分的假定。

目前为止所考虑的拟合优度检验假定了随机效应的一个既定结构，但是在适用于一个给定数据集的小域估计（SAE）模型中，随机效应在实际应用中是必需的吗？如果实际上随机效应不是必要的且从模型中被剔除，则它改善了点和区间估计的精确性。[①] Datta et al. 假定得到 k 维协变量（理论上看作是随机的）$x_i = (x_{1i},\cdots,x_{ki})$,其中 $i = 1,\cdots,m$ ，加权的域水平均值 $\hat{y}_i = \sum_{j=1}^{n_i} w_{ij}y_{ij}$ ；带有已知权重和已知总和 $W_{ir} = \sum_{j=1}^{n_i} w_{ij}^r, r = 2,\cdots,q, q \leqslant k$ ，其中 $\sum_{j=1}^{n_i} w_{ij} = 1$ 。权重 w_{ij} 用于从辅助样本中生成新域的水平均值，总和 W_{ir} 通过构建合理的估计方程用于估计模型的参数。

为了检验随机效应的存在性，Datta et al. 提出了检验统计量：

---

① Datta G. S. , Hall P. , and Mandal A. , "Model Selection by Testing for the Presence of Small-Area Effects, and Application to Area-Level Data," *Journal of the American Statistical Association* 106 (2011): 362 - 374.

$$T = \sum_{i=1}^{m} [W_{i2}\lambda_2(x_i,\hat{\varphi})]^{-1} [\bar{y}_i - \lambda_l(x_i,\hat{\varphi})]^2 \tag{4.54}$$

这里 $\lambda_l(x_i,\hat{\varphi})(l = 1,2)$ 被定义为在无随机效应的简化模型下 $\{y|x\}$ 的条件均值和有估计参数 $\hat{\varphi}$ 的残差方差。在无随机效应的零假设下，对于给定的或初始的协变量和权重 $\hat{\varphi}$，从 $\{y|x\}$ 的条件分布中生成的带有新结果的辅助样本，得到 t 分布的临界值。并计算每个样本的检验统计量。当不拒绝零假设时，经验结果表明了上述方法的良好表现和 PMSE 方面的简化。这个方法也适用于一般的模型。

Jiang et al. 针对称为围栏方法的混合模型的选择提出了一类策略，其核心是采用线性混合模型（LMM）和广义线性混合模型（GLMM）估计方法。① 这个方法包含先分离正确模型的子群，然后根据一些标准从这些子群中选择最优的模型。用 $Q_M = Q_M(Y,\varphi_M)$ 定义包含参数 φ_M 的一个拟合不足的候选模型 M，以使得当 M 是真实模型时，$E(Q_M)$ 最小，例如 Q_M 是负的对数似然数或残差平方和。定义 $\hat{Q}_M = Q_M(y,\hat{\varphi}_M) = \inf_{\psi_M \in \Psi_M} Q_M(y,\varphi_M)$，让 $\tilde{M} \in M$，以使得 $Q_{\tilde{M}} = \min_{\tilde{M} \in M} \hat{Q}_M$，其中 M 代表候选模型的集合。分析表明，在某些条件下，$\tilde{M}$ 是趋向一个带有概率的正确模型。实际上，不仅有一个正确的模型，而且提出的方法的第二步是在 $Q_{\tilde{M}}$ 的围栏约束内，从这些模型中选择一个最优的模型。最优标准的例子是最小的维度或最小化的 PMSE。围栏的约束条件为 $\hat{Q}_M \leqslant \hat{Q}_{\tilde{M}} + c_n \hat{\sigma}_{M,\tilde{M}}$，这里 $\hat{\sigma}_{M,\tilde{M}}$ 是 $\hat{Q}_M - \hat{Q}_{\tilde{M}}$ 的标准差的估计，c_n 是一个随着整个样本量增长的满足一致性的相关系数。通过讨论计

① Jiang J., Rao J. S., Gu Z., and Nguyen T., "Fence Methods for Mixed Model Selection," *The Annals of Statistics* 36 (2008): 1669–1692.

算 $\hat{\sigma}_{M,\tilde{M}}$ 的其他方法，提出选择满足一致性的相关系数的适用方法。这个方法包含来自“完整”模型的辅助新样本的参数，为每一个候选模型 $\tilde{M} \in M$ 计算经验比例 $p^*(M, c_n)$，其实是通过给出的 c_n 的围栏方法进行选择，并计算 $p^*(c_n) = \max_{\tilde{M} \in M} p^*(M, c_n)$ 和选择最大化 $p^*(c_n)$ 的 c_n。

在这种情况下选择一个模型的必要条件是选择惩罚样条的密度、节点 K 的数目和用于估计模型参数的平滑参数 λ。

到目前为止，我们已经考虑了经验学派方法下的模型选择和诊断方法，但是在采用贝叶斯方法时显然也要求有能够进行检验的可靠模型。虽然我们关注了小域估计这一研究领域新的发展，但是需要强调的是，在贝叶斯方法的框架下，总是以模拟方法开始，Dey et al. 强调了模型检验中贝叶斯方法的可能的优点。[①] 用 d 定义假定的模型和数据之间的偏差量，例如减去分层模型的第一阶段的似然数。用 y_{obs} 表示观测数据并假定存在先验信息。这个方法包括通过蒙特卡洛模拟在假定模型中产生众多 R 的新数据集 $y_{obs}^{(r)}, r = 1, \cdots, R$，并对 $\{d \mid y_{obs}^{(r)}\}$ 的分布和 $f(d \mid y_{obs}^{(r)})$ 的后验分布进行比较。特别地，对每一个后验分布 $f(d \mid y_{obs}^{(r)})$，计算分位数向量 $q^{(r)} = q_{\alpha_1}^{(r)}, \cdots, q_{\alpha_Q}^{(r)}$（比如 $\alpha_1 = 0.025, \cdots, \alpha_Q = 0.975$）；计算 $\bar{q} = \sum_{i=1}^{R} (q^{(r)}/R)$ 以及 $q^{(r)}$ 与 $\bar{q}$ 之间的欧几里得距离；检验来自 $\bar{q}$ 的 $\{d \mid y_{obs}\}$ 分布的分位数距离是否比 R 距离的 95% 的分位数更小或更大。

综合以上的分析，我们可以看到，这个方法在计算上很深入，

---

① Dey D. K., Gelfand A. E., Swartz T. B., and Vlachos P. K., “A Simulation-Intensive Approach for Checking Hierarchical Models,” *Test* 7 (1998): 325-346.

它需要先验信息以产生新的数据集合，但是它在模型的检验和测量差异的运用方面很灵活。通过辅助参数的一个经验学派的模拟要求 d 的分布不依赖模型参数，或样本量充分大到可以忽略参数估计。

针对要检验的客观模型，Bayarri 和 Castellanos 深入研究了参数 φ 不提供的先验信息情况下贝叶斯方法①，假定了一个给出的特征统计量 T（不是 φ 的函数），并考虑了给出的数据和推断模型间对立的两个“意外测量”；P 值 $\Pr^{h(\cdot)}[T(y) \geqslant t(y_{obs})]$，且相对预测的意外值 $RPS = h[t(y_{obs})]/\sup_t[h(t)]$，这里 $h(t)$ 是一些指定的分布。用 θ 表示小域参数，记 $f(y) = \int f(y|\theta)g(\theta)\mathrm{d}\theta$，显然，关于 θ 的一些分布，定义 $h(t)$ 要求对 $f(y|\theta)$ 中的 θ 进行积分，而不能使用先验的 $g(\theta)$，因为它也是不合理的。

考虑了如下三种可选择的方法。

第一种方法建立估计值的超参数 φ 的模型并对 $g(\theta|\dot{\varphi})$ 进行积分。这是经验贝叶斯的一个应用，且 $h^{EB}(t) = \int f(y|\theta)g(\theta|\dot{\varphi})\mathrm{d}\theta$。

第二种方法通过对后验分布 $g(\theta|y_{obs})$ 的运用，对 θ 积分。注意到，在以上两种方法中，数据都用于得到 θ 的合理分布或计算统计量 $t(y_{obs})$。

第三种方法通过使用条件似然函数 $f(y_{obs}|t_{obs})$ 剔除了来自 y_{obs} 的 $t(y_{obs})$ 中的信息。然后，产生的 θ 的后验分布的结果用于获得分布 $h(t)$，同先前的情况类似。

---

① Bayarri M. J., and Castellanos M. E., “Bayesian checking of the second levels of hierarchical models,” *Statistical Science* 22 (2007): 322 – 343.

在三种情况下的确定分布 $h(t)$ 不可能有一个闭合式，这时可以通过 MCMC 模拟进行近似。一般而言第三种方法的表现最好。

Yan 和 Sedransk 考虑了一个条件不充分的特殊模型，受限于无信息先验，名义上是没有对考虑到所有分层结构的拟合模型进行解释说明。① 考虑了两个检验规程，都是基于预测的后验分布 $f(\tilde{y} \mid y_{obs}) = \int f(\tilde{y}\varphi) p(\varphi \mid y_{obs}) \mathrm{d}\varphi$，在这里假定 $\tilde{y}$ 和 y_{obs} 是根据 φ 独立给出的。

第一种方法使用了后验预测的 P 值，$p_{ij} = \Pr(\tilde{y}_{ij} \leqslant y_{ij} \mid y_{obs})$。

第二种方法使用了特征统计量 $t(\cdot)$ 或一个不一致度量 $d(\cdot)$ 的 P 值，例如 P 值 $\Pr(\tilde{y}_{ij} \leqslant y_{ij} \mid y_{obs})$。

Yan 和 Sedransk 分析了一个平衡样本的简单情况，该平衡样本拟合的模型为 $\{y_{ij} \mid \mu, \varphi\} \overset{\text{iid}}{\sim} N(\mu, \varphi), i = 1, \cdots, m, j = 1, \cdots, n_0$。表明如果模型是正确的，那么随着 $N = n_0, m \to \infty$，y_{obs} 和 $\{\tilde{y} \mid y_{obs}\}$ 的分布是相同的，根据Q－Q图显示，P 值 p_{ij} 是一致分布的。另一方面，如果实际模型是二层次模型 $\{y_{ij} \mid \theta_i, \varphi_0\} \overset{\text{iid}}{\sim} N(\theta_i, \varphi_0)$，$\{\theta_i \mid \mu_0, A_0\} \overset{\text{iid}}{\sim} N(\mu_0, A_0)$，那么随着 $N \to \infty$，这两个模型的均值和方差仍旧一致，但协变量是不一致的，所以它是 p_{ij} 的全体或相应的一致分布的 Q－Q 图，但不是允许区分两个模型的独立的 P 值。然而，如果群内的相关性充分强，域的个数充分大，这才有效。当用一个三步模型和二步模型比较时，应用经典的方差分析，F 检验统计量的第二种检验方法作为特征统计量，也就是当计算 $\Pr[F(\tilde{y}) \geqslant F(y_{obs}) \mid y_{obs}]$ 时，得到

① Yan G., and Sedransk J., "Bayesian Diagnostic Techniques for Detecting Hierarchical Structure," *Bayesian Analysis* 2 (2007): 735－760.

相似的结论。

Yan 和 Sedransk 考虑了第三种方法检测一个缺失的分层结构①，使用了相当于标准正态分布的预测标准残差 $r_{ij} = \frac{y_{ij} - E(\tilde{y}_{ij} | y_{obs})}{[Var(\tilde{y}_{ij} | y_{obs})]^{1/2}}$ 的 Q－Q 图。这些条件和上述条件是相同的，在这些条件下这个方法在探讨层次模型方面表现良好。

针对模型选择在经验学派和贝叶斯方法之间通过一种特定的方法建立了联系。Yan 和 Sedransk 以及 Datta et al. 对这一思想进行了概括。这个思想是在贝叶斯方法下确立一个无先验信息以使得产生的后验小域预测在经验学派方法下有可接受的特性。这为贝叶斯方法提供了经验学派验证，后来的研究者可能通过描述来自域参数的后验分布的观测值充分利用贝叶斯推断的灵活性。这两篇文章都考虑了域层次模型，这个思想也适用于其他的模型。

Datta et al. 对 $\boldsymbol{\beta}$ 假定了一个单调的先验值②，并找到了一个先验值 $p(\sigma_u^2)$，满足 $E(V_{iHB}) = PMSE[\hat{\theta}_i(\hat{\sigma}_{u,RE}^2)] + o(m^{-1})$，这里 $V_{iHB} = Var(\theta_i | y_{obs})$ 是 θ_i 的后验方差，且当用 REML 估计 σ_u^2 时，$PMSE[\hat{\theta}_i(\hat{\sigma}_{u,RE}^2)]$ 是经验贝叶斯预测的 PMSE。期望和 PMSE 是在模型中 θ 和 y 的联合分布下计算出的。满足这个要求的唯一先验条件为：

$$p_i(\sigma_u^2) \propto (\sigma_{D_i}^2 + \sigma_u^2)^2 \sum_{j=1}^{m} [1/(\sigma_{D_i}^2 + \sigma_u^2)^2] \tag{4.55}$$

在某种意义上，不同的域要求有不同的先验信息。

① Yan G., and Sedransk J., "A Note on Bayesian Residuals as a Hierarchical Model Diagnostic Technique," *Statistical Papers* 51 (2010): 1－10.

② Datta G. S., Rao J. N. K., and Smith D. D., "On Measuring the Variability of Small Area Estimators Under a Basic Area Level Model," *Biometrika* 92 (2005): 183－196.

Ganesh 和 Lahiri 延伸原有的条件，对后验期望和 PMSE 进行加权组合，因此获得了所有域的一个单个先验。[①] 他们找到了一个先验信息，对于给出的权重 $\{\omega_i\}$ 的集合，满足：

$$\sum_{i=1}^{m} \omega_i \{E(V_{iHB}) - PMSE[\hat{\theta}_i(\hat{\sigma}^2_{u,RE})]\} \tag{4.56}$$

满足（4.56）式的先验 $p(\sigma_u^2)$ 条件为：

$$p(\sigma_u^2) \propto \sum_{i=1}^{m} [1/(\sigma^2_{D_i} + \sigma^2_u)^2] / \sum_{i=1}^{m} \omega_i [\sigma^2_{D_i}/(\sigma^2_{D_i} + \sigma^2_u)]^2 \tag{4.57}$$

通过权重 $\{\omega_i\}$ 的合理选择，先验条件（4.57）式满足包含水平的先验 $p(\sigma_u^2) = U(0,\infty)$ 的特殊情况。对一个给定域构造的先验模型，通过建立 $\omega_i \equiv 1$ 来匹配平均矩。[②]

第四节　基于模型的贫困指标测度的小域估计

一　小域条件下 FGT 贫困测度的经验贝叶斯方法

考虑随机向量 $y = (Y_1, \cdots, Y_N)'$ 包含与一个有限总体的 N 个单元相联系的一个随机变量的值。y_s 是 y 的相当于样本元素 s 一个亚变量（sub variable），y_r 表示样本外元素 r 的亚变量。通过对总体单元的重新排队，可以记为 $y = (y'_s, y'_r)'$，预测采用样本数据 y_s 的随机向量 y 的

① Ganesh N., and Lahiri P., "A New Class of Average Moment Matching Priors," *Biometrika* 95 (2008): 514 - 520.

② Datta G. S., Rao J. N. K., and Smith D. D., "On Measuring the Variability of Small Area Estimators Under a Basic Area Level Model," *Biometrika* 92 (2005): 183 - 196.

真值函数 $\delta = h(y)$ 的值，对于一个特定的预测 $\hat{\delta}$ ，均方误差被定义为：

$$MSE(\hat{\delta}) = E_y(\hat{\delta} - \delta)^2 \tag{4.58}$$

其中，E_y 表示关于总体向量 y 的联合分布的期望，δ 的最优预测值是最小化（4.58）式并由 $\hat{\delta}$ 的条件期望给出的 y_s 的函数：

$$\hat{\delta}^B = E_{y_r}(\delta \mid y_s) \tag{4.59}$$

这里期望采用 y_r 的条件分布，注意贝叶斯预测是无偏的，因为：

$$E_{y_s}(\hat{\delta}^B) = E_{y_s}[E_{y_r}(\delta \mid y_s)] = E_y(\delta)$$

特别的，$\hat{\delta}^B$ 依赖于未知模型参数向量 θ 。然后，δ 的一个经验贝叶斯预测（EBP）可由 θ 的估计量 $\hat{\theta}$ 替代，然后在 $\theta = \hat{\theta}$ 情况下估计（4.59）式的期望。现在，我们描述在小域情况下如何获得 FGT 贫困度量贝叶斯预测值。设想这里有福利变量的一对一的转化，$Y_{dj} = T(E_{dj})$ 对于所有的总体单元满足 $y \sim N(\mu, V)$ ，向量 y 包含转换的向量 Y_{dj} 的值。则就 Y_{dj} 来说，由（3.12）式给出的随机变量 F_{adj} 可以表述为：

$$F_{adj} = \left[\frac{z - T^{-1}(Y_{dj})}{z}\right]^{\alpha} I[T^{-1}(Y_{dj}) < z] = h_{\alpha}(Y_{dj}), j = 1, 2, \cdots, N_d$$

因此，FGT 贫困度量（3.11）式是向量 y 的非线性函数，通过采用 $\delta = F_{ad}$ ，它现在由（4.59）式表示的 F_{ad} 的贝叶斯预测是：

$$\hat{F}_{ad}^B = E_{y_r}(F_{ad} \mid y_s) \tag{4.60}$$

就样本和样本外的元素来说，使用由（3.11）式定义的 F_{ad} 的分解，有：

$$F_{ad} = \frac{1}{N_d}\left(\sum_{j \in s_d} F_{adj} + \sum_{j \in r_d} F_{adj}\right) \tag{4.61}$$

此处，r_d 表示从属于域 d 的样本外元素的集合，现在取（4.61）

式的条件期望并且采用加权的条件期望，贝叶斯预测变为：

$$\hat{F}^{B}_{ad} = \frac{1}{N_d}\left(\sum_{j \in s_d} F_{adj} + \sum_{j \in r_d} \hat{F}^{B}_{adj} \right) \tag{4.62}$$

这里 $\hat{F}^{B}_{adj}$ 是 $F_{adj} = h_{\alpha}(Y_{dj})$ 的贝叶斯预测：

$$\hat{F}^{B}_{adj} = E_{y_r}[h_{\alpha}(Y_{dj}) \mid y_s] = \int_{IR} h_{\alpha}(y) f_{Y_{dj}}(y \mid y_s)\mathrm{d}y \text{ , } j \in r_d \tag{4.63}$$

$f_{Y_{dj}}(y \mid y_s)$ 是由向量 y_s 给出的 Y_{dj} 的条件或预测的密度，因为 $h_{\alpha}(y)$ 的复杂性，（4.63）式中的期望不能精确的算出，然而，由于向量 $y = (y'_s, y'_r)'$ 服从具有均值为 $\mu = (\mu'_s, \mu'_r)'$，方差矩阵为 $V = \begin{pmatrix} V_s & V_{sr} \\ V_{rs} & V_r \end{pmatrix}$ 的正态分布。

给定 y_s 的 y_r 的条件分布是：

$$\{y_r \mid y_s\} \sim N(\mu_{r \mid s}, V_{r \mid s}) \tag{4.64}$$

其中：

$$\mu_{r \mid s} = \mu_r + V_{rs} V_s^{-1} (y_s - \mu_s) \text{ , } V_{r \mid s} = V_r - V_{rs} V_s^{-1} V_{sr} \tag{4.65}$$

在样本选择偏倚缺乏的假定下，（4.64）式和（4.65）式是合理的，特别的，总体模型支持样本。①

通过由（4.64）式生成的向量 y_r 的大数 L 的蒙特卡洛模拟，我们提出对（4.63）式使用一个经验近似。令 $Y^{(l)}_{dj}$ 是样本外的观测 Y_{dj} 的第 l 个模拟值，其中 $j \in r_d$，$l = 1, \cdots, L$。对于 $j \in r_d$，对 Y_{dj} 的最

① Pfeffermann D., Skinner C. J., Holmes D. J., Goldstein H., and Rasbash J., "Weighting for Unequal Selection Probabilities in Multilevel Models," *Journal of the Royal Statistical Society: Series B (Statistical Methodology)* 60 (1998): 23 – 40.

优预测的一个蒙特卡洛近似由下式给出：

$$\hat{F}_{adj}^{B} = E_{y_r}[h_\alpha(Y_{dj}) \mid y_s] \approx \frac{1}{L}\sum_{l=1}^{L} h_\alpha(Y_{dj}^{(l)}),\ j \in r_d \tag{4.66}$$

一维积分（4.63）也可通过数值积分来估计，在实践中，平均向量μ和协方差矩阵V通常依赖于一个未知参数向量θ。因此，条件密度$f_{Y_{dj}}(y \mid y_s)$依赖θ，我们将这种关系明确为$f_{Y_{dj}}(y \mid y_s, \theta)$，我们可以采用$\theta$的估计值$\hat{\theta}$，如极大似然（ML）估计值或残差极大似然（REML）估计值。那么，期望可以通过从所估计的密度函数$f_{Y_{dj}}(y \mid y_s, \hat{\theta})$产生的$Y_{dj}^{(l)}$来近似。由此产生的预测，表示为$\hat{F}_{adj}^{EB}$，被称为$F_{adj}$的经验最优预测，贫困测度$F_{ad}$的经验最优预测由下式给出：

$$\hat{F}_{ad}^{EB} = \frac{1}{N_d}\left(\sum_{j \in s_d} F_{adj} + \sum_{j \in r_d} \hat{F}_{adj}^{EB}\right) \tag{4.67}$$

二　小域条件下 FGT 贫困测度的经验贝叶斯模拟预测

以上是经验贝叶斯方法对 FGT 模型的分解，并得到了经验最优贝叶斯预测公式，我们接着考虑经验贝叶斯模拟预测。但是，我们不能像介绍（4.62）式中的和的期望一样，（4.60）式中的期望由蒙特卡洛模拟的方法近似直接求出。这允许实际估计任意小域参数$\delta_d = h(y_d)$，不一定采用$\sum_{j=1}^{N_d} h(Y_{dj})$的分离形式，目标参数的例子是福利变量$E_{dj} = T^{-1}(Y_{dj})$的域分位数，则估计一个一般的小域参数$\delta_d = h(y_d)$的 EB 方法如下。

（a）估计使用样本数据y_s的转换向量y的分布的未知参数θ。

（b）抽取L个样本外向量$y_r^{(l)}$（$l = 1,2,\cdots,L$）来自（4.66）式，由（a）中获得的估计量$\hat{\theta}$替代θ。

（c）增加样本数据 y_s 形成一个总体（或“人口普查”）向量 $y^{(l)}=[y'_s,(y_r^{(l)})']'$，$l=1,2,\cdots,L$，对于第 d 个小域，使用 $y^{(l)}$ 的元素，$y_d^{(l)}=[y'_{ds},(y_{dr}^{(l)})']'$。计算小域的目标参数 $\delta_d^{(l)}=h[y_d^{(l)}]$。$\delta_d$ 的经验贝叶斯预测（EBP）的蒙特卡洛模拟求出总体的 L 个小域参数的平均来近似：

$$\hat{\delta}_d^{EB}=\frac{1}{L}\sum_{l=1}^{L}\delta_d^{(l)}$$

这个方法的唯一条件是福利变量的一些转换 $Y_{dj}=T(E_{dj})$ 的分布是已知的，并且 $\{y_r|y_s\}$ 的条件分布能够被推导出来。

第五章 精准扶贫背景下贫困指标测度的随机模拟分析

第一节 贫困指标测度的模型与方法

一 嵌套误差线性回归模型

在这一节，我们介绍一个特殊的超总体模型 ξ ——嵌套误差线性回归模型，它可以用来估计 $\hat{F}_{ad}^{EB}=\frac{1}{N_d}(\sum_{j\in s_d}F_{adj}+\sum_{j\in r_d}\hat{F}_{adj}^{EB})$ 的经验贝叶斯预测值。[①] 这个模型是线性相关的，对于所有的域，转换总体变量 Y_{dj}（例如收入对数）到向量 x_{dj} 包含了解释变量的 P 值，并且包含随机特定域效应 μ_d 与通常的残差误差 e_{dj}：

① Battese G. E., Harter R. M., and Fuller W. A., "An Error-Components Model for Prediction of County Crop Areas Using Survey and Satellite Data," *Journal of the American Statistical Association* 83 (1988): 28–36.

$$\xi: Y_{dj} = x'_{dj}\beta + \mu_d + e_{dj}, j = 1, \cdots, N_d, d = 1, \cdots, D$$
$$\mu_d \overset{\text{iid}}{\sim} N(0, \sigma_\mu^2), e_{dj} \overset{\text{iid}}{\sim} N(0, \sigma_e^2) \tag{5.1}$$

这里域效应 μ_d 和残差 e_{dj} 是相互独立的，让我们定义通过分层叠加到域 d 而获得的向量和矩阵：

$$y_d = \underset{1 \leqslant j \leqslant N_d}{col}(Y_{dj}), e_d = \underset{1 \leqslant j \leqslant N_d}{col}(e_{dj}), X_d = \underset{1 \leqslant j \leqslant N_d}{col}(x'_{dj})$$

则向量 $y_d(d = 1, \cdots, D)$ 是与 $y_d \sim N(\mu_d, V_d)$ 相互独立的，此处 $\mu_d = X_d\beta$ 且：

$$V_d = \sigma_\mu^2 l_{N_d} l'_{N_d} + \sigma_e^2 I_{N_d} \tag{5.2}$$

这里，l_{N_d} 表示长度为 N_d 的列向量，I_{N_d} 是 $N_d \times N_d$ 的单位矩阵。

考虑把 y_d 分解成样本和样本外的元素 $y_d = (y'_{ds}, y'_{dr})'$，当 $n_d > 0$ 时，y_d 分解成 X_d、μ_d 和 e_{dj}，V_d 为后两者方差的线性组合。则给定的样本数据 y_{ds} 的 y_{dr} 的条件分布是：

$$\{y_{dr} | y_{ds}\} \sim N(\mu_{dr|s}, V_{dr|s}) \tag{5.3}$$

当 $V_{ds} = \sigma_\mu^2 l_{n_d} l'_{n_d} + \sigma_e^2 I_{nd}$，$\gamma_d = \sigma_\mu^2 (\sigma_\mu^2 + \sigma_e^2 / n_d)^{-1}$ 时：

$$\mu_{dr|s} = X_{dr}\beta + \sigma_\mu^2 l_{N_d - n_d} l'_{n_d} V_{ds}^{-1} (y_{ds} - X_{ds}\beta) \tag{5.4}$$

$$V_{dr|s} = \sigma_\mu^2 (1 - \gamma_d) l_{N_d - n_d} l'_{N_d - n_d} + \sigma_e^2 I_{N_d - n_d} \tag{5.5}$$

注意因为 $y_d(d = 1, \cdots, D)$ 的独立性，$\{y_{dr} | y_{ds}\}$ 和 $\{y_{dr} | y_s\}$ 具有相同的分布。我们已经假定把 Ω_d 分割为 s_d 和 r_d，且是已知的，与 $j \in r_d$ 相联系的解释变量 x_{dj} 也是已知的。

观察（4.66）式的蒙特卡洛逼近的应用涉及来自（5.3）式的样本大小为 $N_d - n_d$ 的 D 维多元正态向量 y_{dr} 的模拟。则这一过程不得不重复

L 次，对于大样本容量 N_d ，一些需要计算的东西十分密集甚至是不可行的。通过记录由（5.5）式给出的矩阵 $V_{dr|s}$ ，相当于由模型：

$$y_{dr} = \mu_{dr|s} + v_d l_{N_d - n_d} + \varepsilon_{dr} \tag{5.6}$$

给出的向量 y_{dr} 的协方差矩阵，这种情况可以避免大量重复计算。

模型（5.6）具有新的随机效应 v_d 和独立的误差 ε_{dr} ，并且满足：

$$v_d \sim N[0, \sigma_\mu^2(1 - \gamma_d)], d = 1, \cdots, D$$
$$\varepsilon_{dr} \sim N(0, \sigma_e^2 I_{N_d - n_d})$$

利用（5.6）式，不是产生观测值为 $N_d - n_d$ 的多元正态向量 y_{dr} ，而是仅仅产生独立的单变量正态变量 v_d 和 ε_{dj} ，满足 $v_d \sim N[0, \sigma_\mu^2(1 - \gamma_d)], \varepsilon_{dj} \sim N(0, \sigma_e^2)$ ，对于 $j \in r_d$ ，获得相应的元素 Y_{dj} ，当 $j \in r_d$ 时，从（5.6）式采用由（5.4）式给出的 $\mu_{dr|s}$ 。如前文提及的，实际上，模型参数 $\theta = (\beta', \sigma_\mu^2, \sigma_e^2)'$ 被适当的估计量 $\hat{\theta} = (\hat{\beta}', \hat{\sigma}_\mu^2, \hat{\sigma}_e^2)'$ 所替代，然后从估计的正态分布中生成 Y_{dj} 。

如果一个域不是通过取样得到，对于 $j = 1, \cdots, N_d$ ，$Y_{dj}^{(l)}$ 通过自举法（Bootstrap）从 $Y_{dj} = x'_{dj}\hat{\beta} + \mu_d^* + e_{dj}^*$ 中产生，这里 $\mu_d^* \overset{iid}{\sim} N(0, \hat{\sigma}_\mu^2)$ ，$e_{dj}^* \overset{iid}{\sim} N(0, \hat{\sigma}_e^2)$ ，并且 μ_d^* 独立于 e_{dj}^* ，然后运用公式（4.63）得到 F_{adj} 的估计量 $\hat{F}_{adj}^{EB}$ ，而 F_{ad} 的经验贝叶斯估计量表示为：

$$\hat{F}_{ad}^{EB} = N_d^{-1} \sum_{j=1}^{N_d} \hat{F}_{adj}^{EB} \tag{5.7}$$

（5.7）式的估计量本质上是一个合成估计量，因为如果 $n_d = 0$ ，则从域 d 中无法获得可靠的样本观测值。

二　参数自举的均方误差估计

自举法（Bootstrap）就是从一个原始样本中进行有放回的重复采

样，采样大小和原始样本大小相同，采样次数根据计算量而定。从每个重新采样的样本中可以计算某个统计量的 Bootstrap 分布，比如说均值，多个重采样样本的均值构成了原始样本均值的 Bootstrap 分布。在采样完后需要检查待研究统计量的 Bootstrap 分布是不是符合正态分布。此外，统计量的 Bootstrap 标准误等于该统计量 Bootstrap 分布的标准差。具体来说，对于本书的贫困测度，$\hat{F}_{ad}^{EB}$ 的 MSE 模型由下式给出：

$$MSE(\hat{F}_{ad}^{EB}) = E_{\xi}(\hat{F}_{ad}^{EB} - F_{ad})^2 \tag{5.8}$$

这里，E_{ξ} 表示关于超总体模型 ξ 的期望，注意这里目标参数 F_{ad} 是一个随机变量，所以就平方偏差和 $\hat{F}_{ad}^{EB}$ 的方差而言，均方误差通常的分解并不成立。然而，(5.8) 式可以分解为：

$$MSE(\hat{F}_{ad}^{EB}) = V_{\xi}(\hat{F}_{ad}^{EB} - F_{ad}) + [E_{\xi}(\hat{F}_{ad}^{EB} - F_{ad})]^2 \tag{5.9}$$

这里 V_{ξ} 表示模型的方差，$E_{\xi}(\hat{F}_{ad}^{EB} - F_{ad})$ 表示 $\hat{F}_{ad}^{EB}$ 的模型偏倚。由于最佳估计量 $\hat{F}_{ad}^{B}$ 的模型偏倚恰恰为 0，当 D 很大时，(5.9) 式中经验最佳估计量 $\hat{F}_{ad}^{EB}$ 的平方偏差相对于预测误差 $\hat{F}_{ad}^{EB} - F_{ad}$ 的方差来说通常非常小。既然这样，均方误差受到 (5.9) 式中方差项的约束。

在存在复杂参数条件下，例如 FGT 贫困测度，对上述均方误差近似解析是很难实现的。因此，我们遵循的无限总体的自举法，得到参数 Bootstrap 均方误差估计量。① 这个自举法可以很容易应用于其他复杂参数，不必把分离形式作为 FGT 贫困测度。实现这种方法的过程示意如图 5 - 1 所示。

---

① González-Manteiga W., Lombardía M. J., Molina I., and Morales D., "Bootstrap Mean Squared Error of a Small-Area EBLUP," *Journal of Statistical Computation and Simulation* 78 (2008): 443 - 462.

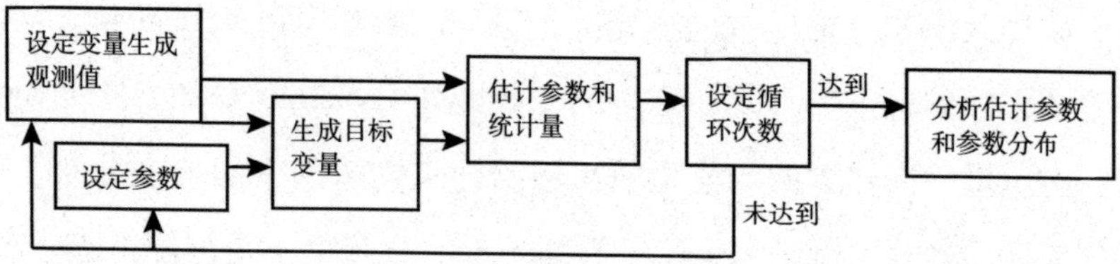

图 5-1　自举模拟过程示意

给出用于实现这种方法的具体步骤如下。

第一步，拟合模型（5.1），并采集样本数据(y_s, X_s)，用合适的方法分别获得β、σ_μ^2和σ_e^2的估计量$\hat{\beta}$、$\hat{\sigma}_\mu^2$和$\hat{\sigma}_e^2$，在基于模型的模拟实验中用 REML 估计方法。

第二步，生成$\mu_d^* \overset{iid}{\sim} N(0, \hat{\sigma}_\mu^2)$，$d = 1, \cdots, D$；并且独立生成$e_{dj}^* \overset{iid}{\sim} N(0, \hat{\sigma}_\mu^2)$，$j = 1, \cdots, N_d$，$d = 1, \cdots, D$。

第三步，用μ_d^*、e_{dj}^*、x_{dj}和$\hat{\beta}$构建 Bootstrap 超总体模型ξ^*：

$$Y_{dj}^* = x'_{dj}\hat{\beta} + \mu_d^* + e_{dj}^*, j = 1, \cdots, N_d, d = 1, \cdots, D \tag{5.10}$$

第四步，在 Bootstrap 超总体模型（5.10）下，生成独立同分布 Bootstrap 总体$\{Y_{dj}^{*(b)}, j = 1, \cdots, N_d, d = 1, \cdots, D\}$的大数$B$并计算 Bootstrap 总体参数$F_{ad}^{*(b)} = N_d^{-1} \sum_{j=1}^{N_d} F_{adj}^{*(b)}$，这里$F_{adj}^{*(b)} = h_\alpha(Y_{dj}^{*(b)})$，$b = 1, \cdots, B$。

第五步，从第四步生成的每个 Bootstrap 总体b，抽取具有相同指标$s \subset \Omega$的样本作为初始样本，并且计算经验贝叶斯预测参数$\hat{F}_{ad}^{EB*(b)}$，$b = 1, \cdots, B$。正如在前文所描述的那样，使用 Bootstrap 生成样本数据y_s^*和已知总体值x_{dj}。

第六步，对理论上的 Bootstrap 估计量$\hat{F}_{ad}^{EB}$的均方误差估计

$MSE_*(\hat{F}_{ad}^{EB*})$ 的一个蒙特卡洛近似计算表示为：

$$MSE_*(\hat{F}_{ad}^{EB}) = \frac{1}{B}\sum_{b=1}^{B}(\hat{F}_{ad}^{EB*(b)} - F_{ad}^{*(b)})^2 \tag{5.11}$$

（5.11）式常用来估计（5.8）式中的 $MSE(\hat{F}_{ad}^{EB})$。在相对偏倚方面，使用双重自举法能够提供一个更好 MSE 的估计量①，但是对于较大的总体，这个方法从计算上来看，可能是不可行的。

对于上面提到的自举法下的 MSE 估计量（5.11）式，现在，我们提供一种探索性的证明。通过展示（5.10）式中的 Bootstrap 超总体模型 ξ^*，给出初始的样本数据 y_s，保持（5.1）式中初始超总体模型 ξ 的比例，它遵循 μ_d^* 和 e_{dj}^* 的属性，对于初始模型，Bootstrap 向量 y_d^* 与向量 y_d 类似，$y_d^* \sim N(\hat{\mu}_d, \hat{V}_d)$。这里：

$$\hat{\mu}_d = X_d\hat{\beta}$$
$$\hat{V}_d = \hat{\sigma}_\mu^2 l_{N_d} l'_{N_d} + \hat{\sigma}_e^2 I_{N_d}$$

对真实值 β、σ_μ^2 和 σ_e^2 的参数估计值 $\hat{\beta}$、$\hat{\sigma}_\mu^2$ 和 $\hat{\sigma}_e^2$ 的一致性保证了 Bootstrap 向量 y_d^* 与对应的（5.2）式中给定的初始向量 y_d 的矩的一致性。因此，Bootstrap 总体向量 y_d^*（由样本数据 y_s 给出）的分布循着初始总体向量 y_d 的分布。

三 小域条件下 ELL 方法

运用 ELL 方法②或将其称为世界银行（WB）法，假设存在一个

① Hall P., and Maiti T., "On Parametric Bootstrap Methods for Small Area Prediction," *Journal of the Royal Statistical Society: Series B (Statistical Methodology)* 68 (2006): 221 - 238.

② Elbers C., Lanjouw J. O., and Lanjouw P., "Micro-Level Estimation of Poverty and Inequality," *Econometrica* 71 (2003): 355 - 364.

关于变换的总体数值 y_{dj} 的嵌套误差线性回归模型，与（5.1）式相似但是通过随机群组效应获得，这里随机群组可以和小域不同。事实上，小域并不是预先指定的。为了使它与前面所描述的 EB 方法类似，这里我们假定群组等同于小域，则这种方法基本上使用（5.10）式给出 Bootstrap 超总体模型 ξ^* 并且产生一个 Bootstrap “统计”：$\{Y_{dj}^{*(a)}$，$j = 1,\cdots,N_d,d = 1,\cdots,D\}$，对于 $\alpha = 1,\cdots,A$。注意，与第四章中小域条件下 FGT 贫困测度的经验贝叶斯模拟预测里描述的 EB 方法相比，ELL 方法的调查值不包含观测过的样本数据。

Bootstrap 总体测量值 $F_{ad}^{*(\alpha)}$ 从每个 Bootstrap 统计的 α 和 F_{ad} 的 ELL 估计量计算得到，F_{ad} 的 ELL 估计量由下式给出：

$$\hat{F}_{ad}^{ELL} = \frac{1}{A}\sum_{\alpha=1}^{A} F_{ad}^{*(\alpha)} = F_{ad}^{*(\cdot)} \tag{5.12}$$

对于一个非抽样的域 d，ELL 估计量（5.12）实质上等价于上面合成的 EB 估计量（5.7），不管域 d 是不是一个抽样域，一定要注意（5.12）式是对 $E_{\xi*}(F_{ad}^*)$ 的一个蒙特卡洛近似。

然后，$\hat{F}_{ad}^{ELL}$ 的 MSE 被估计为：

$$MSE(\hat{F}_{ad}^{ELL}) = \frac{1}{A}\sum_{\alpha=1}^{A} (F_{ad}^{*(\alpha)} - F_{ad}^{*(\cdot)})^2$$

这是对 $V_{\xi*}(F_{ad}^*)$ 的一个近似，$V_{\xi*}(F_{ad}^*) = E_{\xi*}[F_{ad}^* - E_{\xi*}(F_{ad}^*)]^2$。

为了说明 ELL 方法，考虑估计转换变量的域均值的特殊情况，$\bar{Y}_d = N_d^{-1}\sum_{j=1}^{N_d} Y_{dj}$，假定所有的模型参数 β、σ_μ^2 和 σ_e^2 已知，在这种情况下，$\bar{Y}_d^* = \bar{X}_d\beta + \mu_d^* + \bar{E}_d^*$，这里，$\bar{X}_d = N_d^{-1}\sum_{j=1}^{N_d} X'$ 和 $\bar{E}_d^* = N_d^{-1}\sum_{j=1}^{N_d} e_{dj}^*$。所以，$E_{\xi*}(\bar{Y}_d^*) = \bar{X}_d\beta$，注意 $E_{\xi*}(\mu_d^*) = 0$，并且 $E_{\xi*}(e_{dj}^*) = 0$。由

此得出，$\overline{Y}_d$ 的 ELL 估计量本质上是一个回归合成估计量，当相对于 σ_e^2/n_d，σ_μ^2 并不是一个小数值时，相对于 $\overline{Y}_d$ 的 EBP，$\overline{X}_d\beta$ 被认为是效率较低。[①] 此外：

$$V_{\xi*}(\overline{Y}_d^*) = E_{\xi*}(\overline{Y}_d^* - \overline{X}_d\beta)^2 = \sigma_\mu^2 + \frac{\sigma_e^2}{N_d}$$

它与真实域均值模型的方差保持一致：

$$V_\xi(\overline{Y}_d) = E_\xi(\mu_d + \overline{E}_d)^2 = \sigma_\mu^2 + \frac{\sigma_e^2}{N_d}$$

这里，$\overline{E}_d = N_d^{-1}\sum_{d=1}^{D} e_{dj}$，以便于 MSE 的 ELL 估计量能够跟踪 $V_\xi(\overline{Y}_d)$。

第二节　精准扶贫背景下贫困指标测度的模拟实验

本章提出从蒙特卡洛（MC）模拟得到经验贝叶斯预测参数（EBPs）的方法。在某种意义上，这种方法提供的预测值是最优的，因为在假定的小域模型下，它能够最小化均方误差（MSE），而且，当该变量或它的某种转换形式遵循线性性质时，该方法可以估计几乎任何与有限总体单元相联系的线性和非线性函数的目标值。然而，为了说明应用程序的相关性，我们专注于贫困指标的估计。借助模拟方法，贫困指标的经验贝叶斯预测参数在有偏性和均方误差（MSE）

① Rao J. N. K., *Small Area Estimation* (New York: Wiley, 2003).

方面表现良好，我们也对均方误差（MSE）的估计提出使用参数自举法，并且通过模拟实验研究它的有偏性。

一　基于模型的模拟实验

一个简单的蒙特卡洛模拟过程如图 5－2 所示。

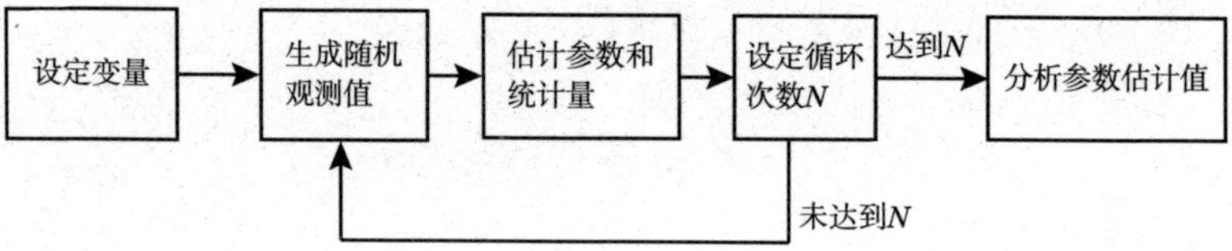

图 5－2　蒙特卡洛模拟过程示意

对上文提到的小域 FGT 贫困度量的 EBPs 的研究，可以用一个基于模型的模拟研究来进行，在 FGT 贫困度量中，当 $\alpha = 0$ 时，F_{ad} 是指贫困发生率；当 $\alpha = 1$ 时，F_{ad} 测量贫困缺口指数。针对这一点，我们模拟样本容量为 $N = 10000$ 的总体，由 $D = 80$ 个域组成，在每一个域 $d = 1,\cdots,D$ 中，包含 $N_d = 250$ 个元素。设置两个虚拟变量 $X_1 = \{0,1\}$，$X_2 = \{0,1\}$，例如，$X_1 = 0$ 时，代表农村；$X_1 = 1$ 时，代表城市；$X_2 = 0$ 时，代表东部；$X_2 = 1$ 时，代表西部。加上截距项作为辅助变量，从模型（5.1）生成关于总体单元的响应变量 Y_{dj}。总体单元的这两个虚拟变量的取值从伯努利分布生成，而伯努利分布的成功概率随 X_1 的域指数和针对 X_2 的常数增加。更具体地说，X_1、X_2 具有各自独立的概率，概率公式如下：

$$P_{1d} = 0.3 + \frac{0.5d}{80}, P_{2d} = 0.2, d = 1,\cdots,D$$

这里，福利变量 E_{dj} 是响应变量 Y_{dj} 的指数函数；这就是说，第四章第四节中定义的转换函数 $T(\cdot)$ 表述为 $T(x)=\ln(x)$。一组样本容量为 $n_d=50$ 的样本指数 s_d 从每个域 d 中独立地、不重复地随机抽取，通过蒙特卡洛模拟的方法，关于总体单元的辅助变量的值和样本指数保持不变。

用来生成总体的与两个辅助变量相联系的截距项和回归系数是 $\beta=(3,0.03,-0.04)'$。这样，当从 $(X_1=0,X_2=0)$ 移动到 $(X_1=1,X_2=0)$ 时，平均福利水平上升。但是当从 $(X_1=0,X_2=0)$ 移动到 $(X_1=1,X_2=1)$ 时，平均福利水平下降；这表示“更贫穷”的个人是那些取值为 $X_1=1$ 或 $X_2=1$ 的人。X_1 的概率 P_{1d} 随域指数增加，除非 $X_2=1$ 是常数。然后，最后一个域可能会包含更多的拥有更大值 Y_{dj} 的个体或独立单位，因此，FGT 贫困测度值会随着域指数而下降。随机域效应方差被视为 $\sigma_{\mu}^2=0.15^2$，而误差方差被视为 $\sigma_e^2=0.5^2$，贫困线 z 固定下来，对于上文所生成的一个总体，它大体上等于福利变量 E_{dj} 的中位数的 60%，这样，模拟总体的贫困发生率大约为 16%。

贫困线之所以取 E_{dj} 的中位数的 60%，是因为在这种方法的设置下，$I=10^4$ 的总体向量 $y^{(i)}$ 由真实的模型产生，对每一个总体 i，我们进行以下的步骤。

（a）对于每一个总体，真实域的贫困发生率和贫困缺口指数（分别对应 FGT 贫困测度函数 $\alpha=0$ 和 $\alpha=1$）可由下式得到：

$$F_{ad}^{(i)}=\frac{1}{N_d}\sum_{j=1}^{N_d}F_{adj}^{(i)}, d=1,\cdots,D$$

（b）对于每个域 d 且 $\alpha=\{0,1\}$，$F_{ad}^{(i)}$ 的直接估计量用下式计算：

$$\hat{F}_{ad}^{(i)}=\frac{1}{n_d}\sum_{j\in s_d}F_{adj}^{(i)}, d=1,\cdots,D$$

（c）步骤（a）的模型中，拟合样本数据（$y_s^{(i)}, X_s$），然后取代步骤（b）和（5.9）式中估计的模型参数，样本外向量 $y_r^{(il)}$ ，$L = 50$ ，利用（5.10）式，$l = 1, \cdots, L$ 由条件分布（5.3）生成。样本数据 $y_s^{(i)}$ 附加到生成的样本外数据 $y_r^{(il)}$ 形成总体向量 $y^{(il)}$ 。对于 $\alpha = \{0, 1\}$ 的域 FGT 贫困测度函数从每一个总体向量 $y^{(il)}$ 计算得到，表示如下：

$$F_{ad}^{(il)} = \frac{1}{N_d}\left(\sum_{j \in s_d} F_{adj}^{(i)} + \sum_{j \in r_d} F_{adj}^{(il)}\right), d = 1, \cdots, D$$

这里，对于样本单元 $j \in s_d$ ，$F_{adj}^{(i)}$ 已经从步骤（a）得到，然而对于样本外单元 $j \in r_d$ ，$F_{adj}^{(il)}$ 函数用下式计算：

$$F_{adj}^{(il)} = \left(\frac{z - E_{dj}^{(il)}}{z}\right)^{\alpha} I(E_{dj}^{(il)} < z), E_{dj}^{(il)} = \exp(Y_{dj}^{(il)}), j \in r_d$$

然后，对于每个域 d 且 $\alpha = \{0,1\}$ ，F_{ad} 的 EB 预测值用下式计算：

$$\hat{F}_{ad}^{EB(i)} = \frac{1}{L}\sum_{l=1}^{L} F_{ad}^{(il)}$$

（d）对于 $\alpha = \{0,1\}$ ，FGT 的贫困测度的 ELL 估计量也是可以通过计算得到，对于这一点，首先由模型（5.1）拟合样本数据（$y_s^{(i)}, X_s$），然后运用参数自举法生成 $A = 50$ 的总体或调查数据。对于每一个总体，贫困测度值被计算出来。最后，结果由对 $A = 50$ 的总体进行平均而得到，正如前文所提到的，对每个 i ，计算 ELL 估计量 $\hat{F}_{ad}^{ELL(i)}$ ，$d = 1, \cdots, D$ 。

综上所述：在模拟研究中，对于 EB 和 ELL 方法，我们使用 $A = L = 50$ 。在 ELL 方法的实际应用中，A 的选择范围从 50 到 100；而对于 EB 方法，对于 $L = 50$ 和 $L = 1000$ ，在数值上做一个有限的对比，表明选取 $L=50$ 时会得到一个相当准确的结果。然而实际上，当把 EB 方法应用到一个给出的样本数据集时，建议使用更大的 L 取值，如 $L \geqslant 200$ 。

图 5－3 中，横轴表示区域，纵轴表示贫困缺口 100 倍的偏倚。图 5－3 为贝叶斯贫困分布（X100）模型，EB 表示经验贝叶斯传统模型下的估计值，Direct 表示直接估计方法下的估计值，ELL 表示 ELL 方法下的估计值；图 5－4 中，横轴表示区域，纵轴代表贫困缺口 1000 倍的均方误差。

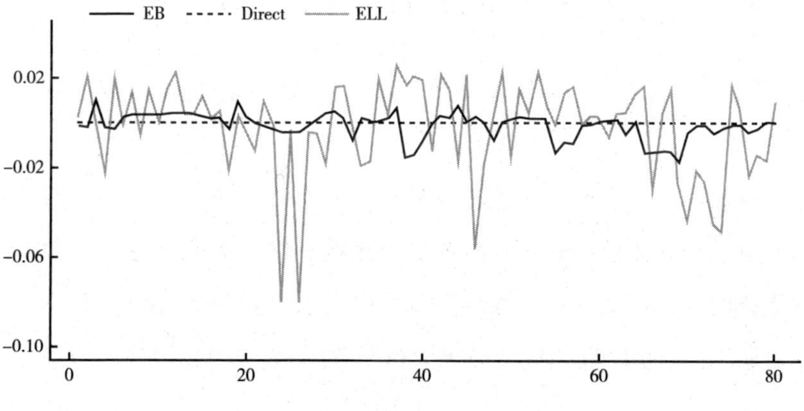

图 5－3　贝叶斯贫困分布（X100）模型

当 $\alpha=\{0,1\}$ 时，蒙特卡洛抽样群（$i=1,\cdots,I$）的 FGT 贫困分布均值可以由以下公式得出：$E(F_{ad})=\frac{1}{I}\sum_{i=1}^{I}F_{ad}^{(i)}, d=1,\cdots,D$ 。类似的，蒙特卡洛抽样群下的三个估计值偏差分别为 $E(\hat{F}_{ad}^{EB})-E(F_{ad})$ 、$E(\hat{F}_{ad})$、$E(F_{ad})$ 和 $E(\hat{F}_{ad}^{ELL})-E(F_{ad})$ ，连同相应的均方误差 $E(\hat{F}_{ad}^{EB}-F_{ad})^2$ 、$E(\hat{F}_{ad}-F_{ad})^2$ 和 $E(\hat{F}_{ad}^{ELL}-F_{ad})^2$ 均可由此计算得出。

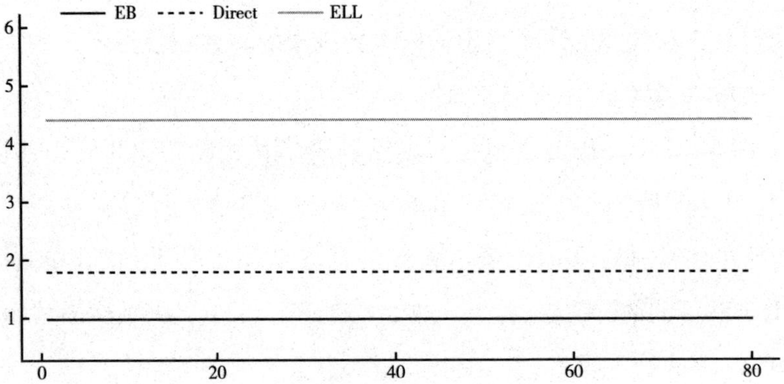

图 5-4　贫困缺口 1000 倍的均方误差

图5-3和图5-4相应显示出当 $\alpha=1$ 时的偏差和均方误差。图5-3中显示经验贝叶斯估计值包含最小绝对偏差，紧随其后的是 ELL 方法和直接估计方法下的估计值，但是相比较对应的均方误差（见图 5-4），这三个估计值都是可以忽略的。由此，估计值的均方误差完全取决于预估的模型方差，正如在（5.8）式所提到的那样。很显然，图 5-4显示经验贝叶斯估计值要大大优于 ELL 方法和直接估计方法下的估计值。同时我们也应看到，ELL 估计值比直接估计值的效率要低，也就是说 ELL 方法的预估误差方差要更大一些。当 $\alpha=0$ 时的贫困发生率与本组数据相当，故不重复。

再看均方误差估计值，前文提到的参数自举程序由重复抽样 500 次（$B=500$）得以加强，当 $\alpha=1$ 时，它的结论在图 5-3 中有详尽描述。蒙特卡洛的模拟数值由 $I=500$ 得来，而蒙特卡洛的均方误差则是由 $I=50000$ 独立运算而来。图 5-4 显示自举均方误差估计值能够追踪真实的均方误差模型。当贫困发生率为 $\alpha=0$ 时观察到的结论是类似的。

二　基于设计的模拟实验

通过一个基于设计的模拟实验来研究从一个固定抽样群中多次取样所得到的估计值情况。正如在前文中提到的那样，只采用一个抽样群，要求相同的抽样大小，使用相同的模型参数。然后在 $I = 1000$ 的情况下使用重复的数值，采用简单随机抽样方式在每个区域内无替换地从这一固定抽样群进行新的样本采集。从每一次的抽样中获取三种贫困分布的估计值，即经验贝叶斯方法、直接估计方法和ELL方法下的估计值。

图5－5横轴依然代表域，纵轴代表贫困缺口的均方误差（MSE Poverty Gap×10000）。图5－5中给出的是 $B=500$ 的情况下，每个对应的域 d 的经验贝叶斯贫困缺口估计值当 $\alpha = 1$ 时的真实均方误差（X10000）和用自举法（Bootstrap）得到的均方误差。由此可知，两种方法得到的均方误差在模拟过程中都随着抽样域的扩大呈现递减的趋势，从波动的幅度看，似乎用自举法（Bootstrap）得出的均方误差要比真实的均方误差波动更小，但统计推断表明两者并无显著的差异。

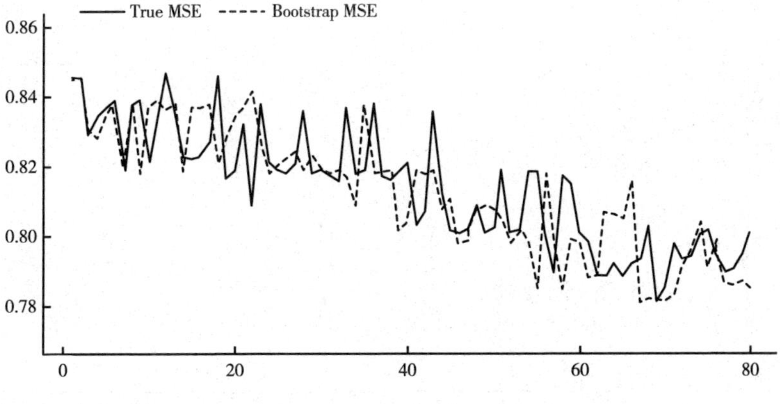

图5－5　真实均方误差与Bootstrap均方误差比较

图5-6和图5-7的横轴均表示域，图5-6的纵轴代表贫困缺口100倍的偏倚，图5-7的纵轴代表贫困缺口10000倍的均方误差，两者都是针对基于设计的域d的贫困缺口的估计值。

图5-6与图5-7分别给出了基于设计的抽样贫困缺口估计值（当$\alpha=1$时）的偏差和均方误差。正如预想的一样，图5-6显示，直接估计值的偏差接近于0，随后是经验贝叶斯方法和ELL方法下的估计值。对于均方误差而言，图5-7显示，对于部分区域，ELL估

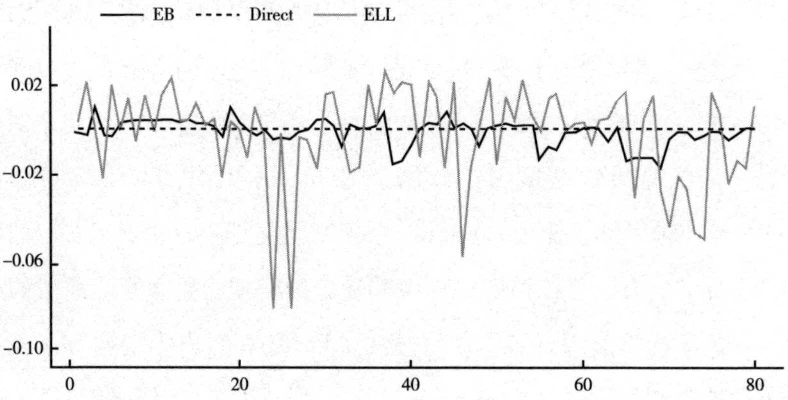

图5-6 贫困缺口100倍的偏倚（bias Poverty Gap ×100）

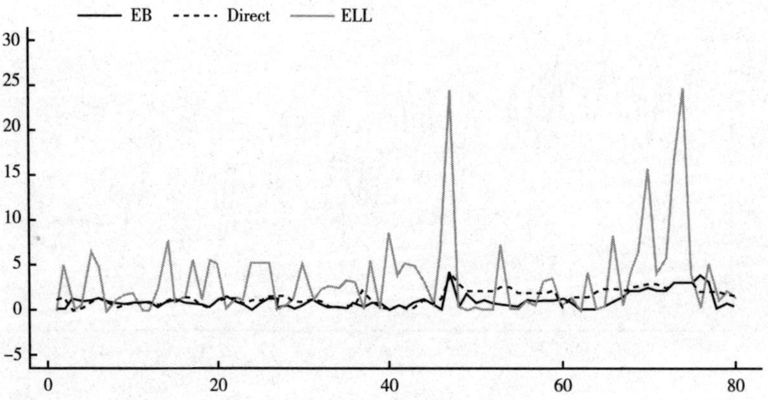

图5-7 贫困缺口10000倍的均方误差（MSE Poverty Gap ×10000）

计值的均方误差很小，而对于其他的域，均方误差则很大；与此同时，经验贝叶斯（EB）方法和直接估计方法下的估计值的均方误差都比较小。对于大部分域来说，经验贝叶斯方法获取的均方误差要比直接估计方法下的均方误差更小，波动幅度变小。所以，相比较而言，经验贝叶斯方法具有明显的优势。

第三节　贫困数据的来源与相关指标说明

一　贫困数据的来源与研究范畴

本书的数据分成三类，第一类是反映中国全国贫困问题的数据，这部分数据主要来自国家统计局、世界银行、中国健康与营养调查（CHNS）和2010年第六次全国人口普查数据。第二类数据是关于中国的省际数据，主要来自各省份的统计年鉴或经济年鉴、CHNS相关数据。第三类数据主要是一些辅助信息数据，辅助信息包括家庭结构、性别、职业、年龄、受教育程度等，官方统计机构一般不能专门提供这些信息，而调查、搜集要花费大量的人力、物力，一般情况下，可以从零散的文献和小域或抽样调查得到。

关于中国大陆的贫困数据，中国官方只公布了贫困线、贫困县等一些比较粗略的数据，又由于中国幅员辽阔，各省份经济发展水平差距较大，所以各省份又从各自的省情出发制定本省份的贫困线。而中国健康与营养调查（CHNS）涉及户均收入水平，各省份居民平均卡路里摄入量、蛋白质摄入量等健康与营养指标，但有关中国的贫困数据，CHNS 能够提供的也不多。

世界银行现在能够提供全球 100 多个国家和地区的与贫困相关的一些数据，比如贫困线、贫困人口总数、贫困发生率、基尼系数与不平等指数等。除此之外世界银行还提供了一种专门测度贫困指标的软件 POVCAL，在线的为 POVCALNET，通过这个软件还可以进一步测算出贫困缺口、贫困缺口方差、Watts 指数、MLD 指数等表示贫困强度和分布的一些指标。下文中关于中国的大部分贫困指标值大多由 POVCAL 运算得来，需要说明的是，为了保证统计口径的一致性，测算这些指标的时候我们采用了世界银行提供的贫困线，即每人日均消费为 1.25 美元，作为测算其他贫困指标的依据。

但是对于中国这样一个人口众多、幅员辽阔的国家来说，仅仅从整体上研究贫困问题是远远不够的，因为中国的发展很不平衡，这种不平衡主要体现在地区发展的不平衡和城乡发展的不平衡。东部发达而西部贫穷，发达地区已经基本解决了绝对贫困问题，而西部还有很大比重的一部分人群尚未脱离绝对贫困；另外，即便同一地区进行比较，也存在着巨大的城乡差距。除此之外，“在收入差距扩大的同时，我们还面临财产差距扩大的问题，而且这一问题正变得越来越严重”。[①] 李实认为：“居民在资产方面的差距也是衡量贫富差距状况的重要方面。过去 10 年的数据分析表明，中国的财产差距扩大速度远远要超过收入差距扩大的速度，个人财富积累速度非常快。在过去大约 10 年的时间内，人均财富的年均增长率达到 22%，特别是房产价

① 李实：《中国贫富差距有多大：城乡收入差 3 倍，高低行业差 4 倍》，《人民日报》2015 年 1 月 23 日。

值的年均增长率达到了25%。而农村的财富积累速度年均增长率只有11%，相当于全国水平的一半。”①

北京大学中国社会科学调查中心发布的《中国民生发展报告2014》显示，1995年我国财产的基尼系数为0.45，2002年为0.55，2012年我国家庭净财产的基尼系数达到0.73，财产不平等程度呈现升高态势，明显高于收入不平等。② 此外，家庭层面的财产不平等有两个特征：①有家庭成员在体制内工作的家庭财产水平明显高于在体制外工作的家庭，在体制内工作的家庭财产的增长幅度也明显高于体制外家庭；②中等收入家庭财产增长幅度大，而低收入和高收入家庭的财产增长幅度相对较小。

对于复杂的中国贫困问题的研究以及贫困指标的测度，我们只得到中国的整体贫困特征是远远不够的，所以我们尝试分省份来研究中国的贫困问题。但这样又面临一个新的问题，即各省、自治区、直辖市的贫困数据很难得到，要么存在缺失，甚至有些省份根本没有相关的统计。所以，我们借助小域估计的方法对分省、区、市的贫困指标进行推断和测度。

二　贫困测度指标说明

我们根据世界银行所提供的相关数据，经过测算得到中国大陆整体的一些反映贫困的指标，这些指标有贫困发生率、人均可支配收入、贫困缺口率、基尼系数、贫困缺口指数的平方等。本书首先根据

① 李实：《中国贫富差距有多大：城乡收入差3倍，高低行业差4倍》，《人民日报》2015年1月23日。

② 谢宇、张晓波、李建新、于学军、任强：《中国民生发展报告2014》，北京大学出版社，2014。

这些指数对中国的贫困问题做一个简单的概述，然后按城镇与农村的分类分别说明城镇与农村的总的贫困特征。

第四节 精准扶贫背景下贫困指标测度的随机模拟分析

一 精准扶贫背景下贫困问题的主要特征

首先需要说明的是，因为关于这部分的分析依据是世界银行提供的基本数据，经测算得到相关的一些贫困指标，所以我们也以世界银行确定的贫困线标准（贫困线为世界银行的标准，每月消费总支出38美元，即每天1.25美元）作为我们的分析标准。为了反映城镇与农村的贫困差距，我们采用描述性的统计分析方法，采用世界银行提供的数据，把中国农村和城镇的贫困问题做一对比，采用贫困发生率、人均可支配收入、贫困缺口率、基尼系数、贫困缺口指数的平方等指标来反映贫困问题。

从贫困发生率角度看，全国贫困发生率从1988年最高的60.74%下降到2011年的12.31%。尽管中间个别年份略有反弹，但总体趋势是贫困人口不断减少，而且减少的速度很快，对于拥有13亿人口的大国来说如此的脱贫成果举世瞩目。另外，如果按同一标准，城镇和农村的贫困发生率差异很大，无论是农村还是城镇，虽然中间略有波动，但总体趋势是贫困发生率均显著下降，尤其是农村贫困发生率从1985年的84.18%下降到2010年的17.59%，而城镇贫困发生率从1990年最高的23.38%下降到2011年的0.36%（见

图5－8)。说明，城镇已经基本消除了贫困，而农村的贫困问题依然严重。

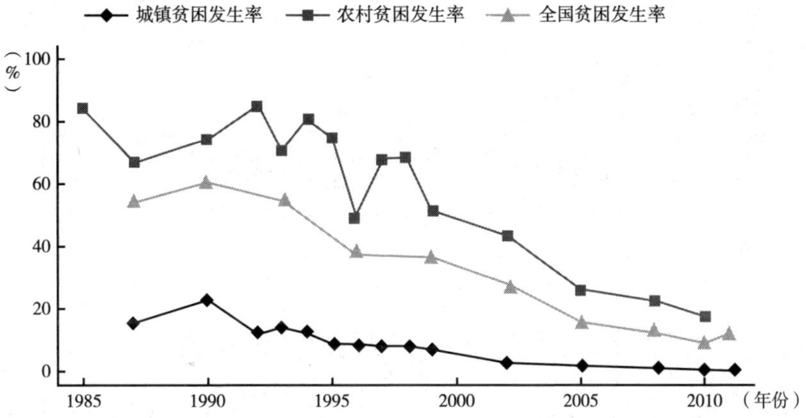

图5－8　全国、城镇、农村贫困发生率变化

从人均可支配收入角度看，全国人均可支配收入从1987年的每月40.52美元上升到2010年的每月160.16美元，中间个别年份的可支配收入因金融危机以及自然灾害等因素的影响而略有下降，总体趋势是稳步上升，但上升的幅度在逐渐减小。说明全国人民的生活水平在不断提高，贫困人口的生活在不断改善。分别考察城镇与农村，城镇人口的平均可支配收入明显高于农村人口的平均可支配收入，而且差距很大，比如2010年城镇人口平均可支配收入每月为228.26美元，农村人口每月为94.34美元（见图5－9）。另外，城镇和农村贫困人口的收入水平都在提高，但城镇贫困人口的收入增速明显快于农村贫困人口的收入增速。而且这一差距也呈现不断加大的趋势。

从全国的贫困发生率看，改革开放40年来，中国农村有7亿多人口摆脱了贫困，贫困发生率从1978年的97.5%下降到2017年底的

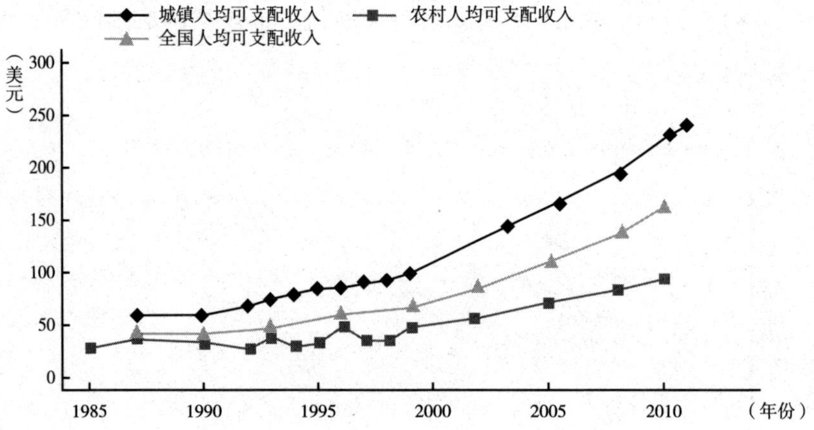

图 5－9　全国、城镇、农村人均可支配收入变化

3.1%[①]，中国的减贫成果堪称奇迹。在 20 世纪 80 年代中晚期和 20 世纪 90 年代早期，贫困缺口率还很大（见图 5－10），反映当时的贫困人口中的一部分人的收入水平远在贫困线之下。但经过数年的扶贫以及经济增长带来的福利，大多数处于贫困线之下的贫困人口享受到经济增长的成果。他们的收入水平越来越接近贫困线，摆脱贫困的难度在降低。贫困人群生活消费差距在缩小的同时，依据森的单调性公理，贫困程度也在减弱。

从全国来看，基尼系数总体呈现上升趋势（见图 5－11）。改革开放以后，伴随着经济快速增长，贫富差距也不断在拉大，即便不考虑城乡差距和东、中、西部地区差异，贫富分化也在加剧。贫富差距不断拉大，对于消除贫困是不利的，因为根据森的传递性公理，在其他条件不变的情况下，贫困家庭收入向任意比该家庭收入高的家庭转移时，必会引起总体贫困程度的增加。尽管有人认为财富的增加并不

① 国务院扶贫办主任刘永富在“中国扶贫改革 40 周年座谈会”上的讲话。

意味着富人对穷人的掠夺，但毫无争议的是富人在占有社会资源方面是强者，而穷人自然成为弱者。高收入群体的收入占全社会总收入的比重总体呈上升趋势，2010 年以后略有下降，这种迹象同时也意味着穷人总体情况在相对恶化。

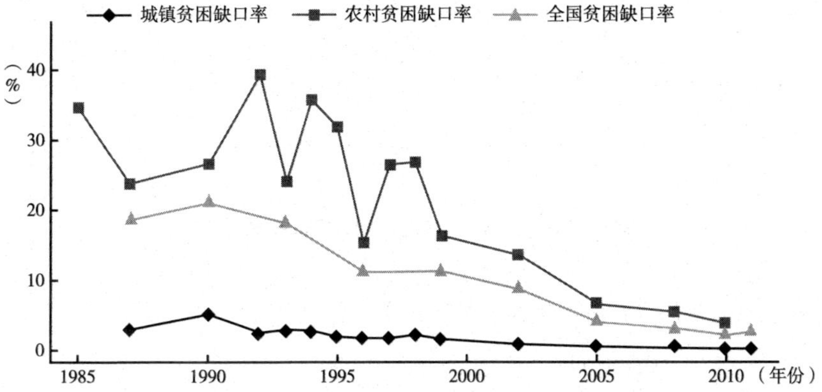

图 5－10　全国、城镇、农村贫困缺口率变化

虽然绝对贫困人口在减少，但相对贫困人口减少量少于绝对贫困人口减少量。而总体贫困程度在逐步减弱。把城镇和农村进行对比分析发现，农村的基尼系数一直高于城镇的基尼系数，说明农村的贫富差距也比城镇的贫富差距大。另外，不管是农村还是城镇，我国的基尼系数总体都呈上升趋势，只是城镇的基尼系数渐趋平缓，农村的基尼系数仍有上升趋势。从这两个迹象看，我国的贫困问题主要体现在农村。另外，国内有些专家认为我国的基尼系数远远超出官方和世行公布的数据，比如，西南财经大学公布的数据显示，2010 年中国的基尼系数为 0.61①，如果如他们所言，那问题会更加严重。

---

① 甘犁、尹志超、贾男、徐舒、马双：《中国家庭金融调查报告 2012》，西南财经大学出版社，2012，第 16 页。

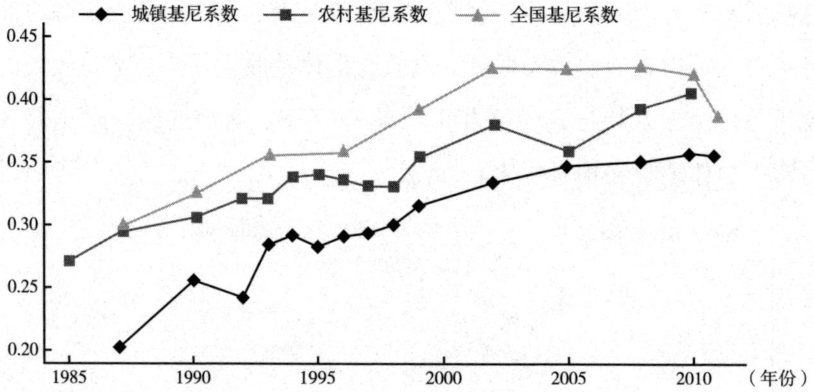

图 5－11　全国、城镇、农村基尼系数变化

从贫困强度（$F_{\alpha d}$ 指数当 $\alpha=2$ 时，即贫困缺口指数的平方）看，从20世纪80年代中期开始，城镇的贫困强度比较低，说明城镇人口收入比较平均。而农村的情况则是另一个局面，从1985年起，就有较高的贫困强度，说明尽管都是穷人，但穷人内部的收入差距也是很大的。经过多年的经济增长，这种情况发生了显著的变化，从2010年的数据看，无论是农村、城镇还是全国，贫困强度都很低（见图5－12）。

综上所述，自新中国成立后就实行的二元分治的政策，导致城镇与农村在经济、文化、医疗卫生等方面存在很大的差距。这种局面很大程度是固有的政治结构造成的。改革开放以后，城镇经济和农村经济都得到大力发展，但国家的优惠政策大多给了城镇，尤其是东南沿海的城镇。再加上农村经济自身的脆弱性，导致这种差距到现在依然存在，甚至在某些地区还有拉大的趋势。尽管农村的贫困问题得到很大的改善，但与城镇相比，解决贫困问题依然任重道远，农村经济的脆弱性导致一部分脱离贫困的人一旦遭遇经济风险，极易重新陷入贫困的境地。

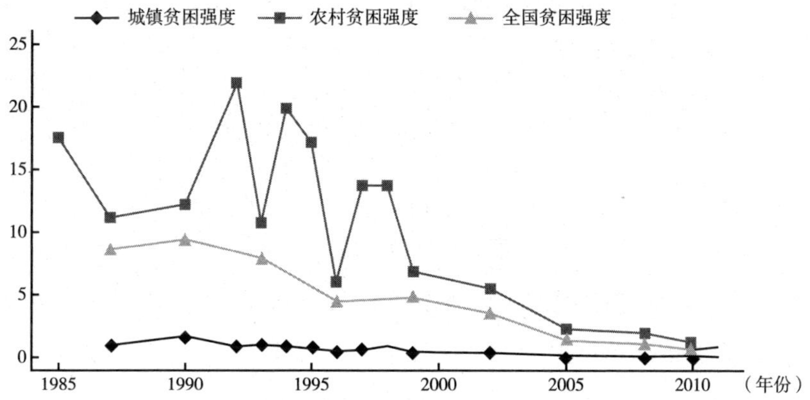

图 5－12　全国、城镇、农村贫困强度（贫困缺口指数的平方）变化

除这些指标反映的贫困问题之外，还有一些现实情况值得我们思考。所有的指标在初始形态下就是一些数据，这些数据所反映的情况大体和现实情况是一致的，但在贫困问题具有一般性的前提下，数据背后还有一些情况值得我们注意。因为在现有统计制度或统计口径下，我国只采纳以货币计量的收入和支出，对于农村居民自种自收的粮食、蔬菜、自建住房、取暖做饭用柴草等物品不纳入经济统计范畴。对于具有相同收入水平的城镇居民与农村居民，农村居民的必要消费比一般城镇居民要少得多。所以，即便同样生活在贫困线下，农村居民的经济境况要比城镇居民的经济境况好得多。

二　精准扶贫背景下分省份贫困指标测度的随机模拟分析

为了简单明了地了解数据缺失、不足情况下的贫困指标的小域估计，我们概括一下前文所述的非线性贫困指标的测度，从而对随机模拟的机制有更深入的了解。

非线性贫困标准（被称为 FGT）的域均值估计①，被定义为：

$$
\begin{cases}
F_{ai} = \dfrac{1}{N_i}\sum_{j=1}^{N_i} F_{aij}; \alpha = 0,1,2 \\
F_{aij} = \left(\dfrac{z - E_{ij}}{z}\right)^{\alpha} I(E_{ij} < z)
\end{cases}
$$

这里 E_{ij} 为第 i 个域中第 j 个单位的福利标准，如收入或支出；z 是一个贫困阈值即贫困线；$I(\cdot)$ 是指示函数。在阈值以下的人被认为是贫困的，北美和欧洲的大部分统计学家一般使用国民中等收入或平均收入的 60% 作为贫困线。本书中，因为对中国的各省份做比较，所以需要确定一个统一的标准，我们以国家公布的贫困线作为比较的标准，中国农村贫困线是每人 2300 元每年②，或 6. 3 元每天。对于世界银行来说，日收入消费不起美国 2005 年 1. 25 美元所能购买到的东西的人就算极端贫困。而对中国政府而言，日收入消费不起 2010 年 6. 3 元人民币所能购买到的东西的农村居民就是贫困的。

当 $\alpha = 0$ 时，F_{ai} 是指贫困发生率；当 $\alpha = 1$ 时，F_{ai} 测量贫困缺口指数；当 $\alpha = 2$ 时，F_{ai} 测量贫困强度。

对于 $\alpha = \{1,2\}$，为测量值 F_{aij} 指定一个分布实际上是不可能的；为了在抽样或非抽样域中估计均值 F_{ai}，假定存在一一对应的转换 $y_{ij} = T(E_{ij})$，从而转换的结果 y_{ij} 满足带有正态性随机效应和残差的单元层次模型③：$y_{ij} = x'_{ij}\beta + u_i + \varepsilon_{ij}$。注意到 $F_{aij} = \left[1 - \dfrac{1}{z}T^{-1}(y_{ij})\right]^{\alpha} I[T^{-1}(y_{ij}) < z] = h_{\alpha}(y_{ij})$，对于抽样单元 $j \in s_i$，F_{aij}

① Molina I. , and Rao J. N. K. , “Small Area Estimation of Poverty Indicators,” *Canadian Journal of Statistics* 38 (2010): 369 - 385.

② 《中央扶贫开发工作会议纪要》，2011 年 11 月 29 日。

③ Molina I. , and Rao J. N. K. , “Small Area Estimation of Poverty Indicators,” *Canadian Journal of Statistics* 38 (2010): 369 - 385.

已知；对于非抽样单元 $k \in r_i$，缺失的测量值通过 L 较大时的经验贝叶斯预测公式 $F_{aij}^{EBP} = \hat{E}(h_{\alpha}(y_{ik}) | y_s) = \sum_{l=1}^{L} h_{\alpha}(y_{ik}^{(l)})/L$ 来进行估算，其中 y_s 被定义为所有观察值的结果。$y_{ik}^{(l)}$ 是通过蒙特卡洛模拟，由模型 $y_{ij} = x'_{ij}\beta + u_i + \varepsilon_{ij}$ 中给出观测结果的条件正态分布中得到，使用的估计参数为 $\hat{\varphi} = (\hat{\beta}', \hat{\sigma}_u^2, \hat{\sigma}_{\varepsilon}^2)'$。经验贝叶斯预测 $F_{aik}^{EBP} = (\sum_{j \in s_i} F_{aij} + \sum_{k \in r_i} F_{aik}^{EBP})/N_i$ 的 PMSE 的估计类似于第四章第一节所描述的双重辅助方法的第一步。对使用了 $y_{ij} = \ln(E_{ij})$ 转换的来自中国的真实数据集，基于模型和基于设计的模拟和应用展示出域预测和 PMSE 估计量的良好性能。

对于中国贫困指标测度的随机模拟，我们在了解随机模拟机制以后，简要说明中国贫困状况的一般性以及应该注意的问题。首先我们已知的数据有基尼系数、平均可支配收入、消费价格指数。当基尼系数变大时，在同样的平均可支配收入水平下穷人的数量会增多，穷人的境况也会恶化，即贫困程度增强。当基尼系数变小时，在平均可支配收入水平一定的条件下，会发生两种情况，一是当收入水平较高时，穷人会减少，贫困强度减弱，而穷人与富人的收入差距变小；二是当收入水平很低时，就像我们改革开放之前或改革开放初期一样，大多数人会陷入普遍的贫困状态，这种情况是我们所不愿见的，如图 5 - 13 所示。

此外，还存在大量的辅助信息，如年龄、性别、职业、所在地区、受教育年限等，在这里我们把这些未知的辅助信息统一称为“小”信息。根据大数定律，我们就可以对中国的贫困指标进行条件正态的随机模拟。平均收入水平决定着收入的正态分布的均值，基尼系数的大小决定收入的正态分布的方差大小，在相同的贫困线下，方差越大的收入正态分布的贫困率也越高，如图 5 - 14 所示。

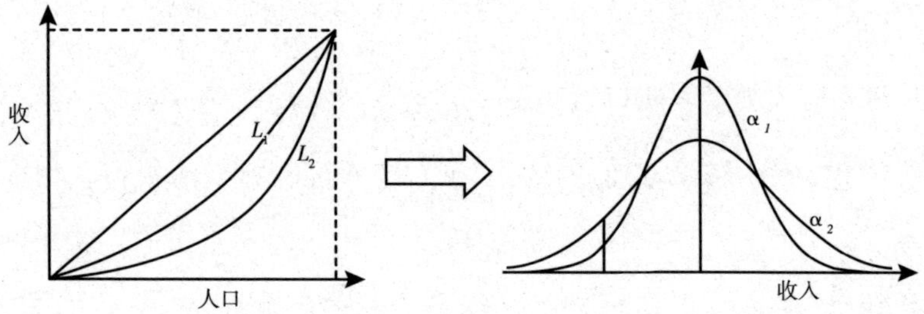

图 5－13　人口与收入的关系

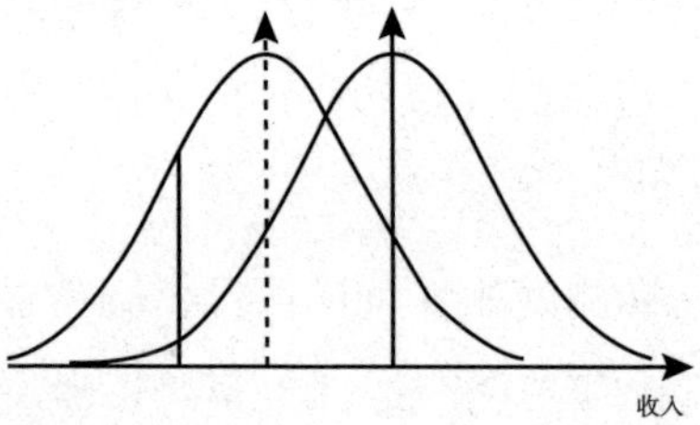

图 5－14　收入平均水平的变化

关于 R 语言随机模拟程序可参见附录 1。

为了直观说明模拟的结果，以中国城镇为例，我们用 R 软件做出分省份贫困指标，基尼系数是已知的，其余各指标由模拟得到。

中国 31 个省份中以城镇为测度对象，贫富差距分为五档。其中广西、湖南、江西、河南、重庆、海南、北京、天津、上海的基尼系数最小，基尼系数的区间在 0.29 以下，属于贫富差距最小的地区；排在第二档的地区为福建、安徽、山东、山西、陕西、河北、山东和吉林，基尼系数的区间为 0.29～0.30；排在第三档的地区是湖北、四川、新疆、内蒙古，基尼系数的区间为 0.30～0.31；排在第四档的是西藏、甘肃、宁夏、贵州、浙江、江苏六个省份，基尼系数的区间为 0.31～0.33；排在第五档的青海、广东、黑龙江、辽宁的基尼系数最大，基尼系数的区间在0.33以上。

绝对贫困率是指某地区绝对贫困人口占总人口的比例，全国大体可以分成五个水平的绝对贫困率。根据模拟结果，绝对贫困率最高的地区为新疆、青海、甘肃、贵州，绝对贫困率为25.2%～30%；其次为西藏、云南、广西、海南、湖北、河南、山东、宁夏、内蒙古，绝对贫困率为13%～21%；绝对贫困率最小的地区是浙江、上海、江苏、天津、北京，其中北京和上海已经基本消除了绝对贫困。

河北、山西、湖南、贵州的贫困数据是缺失值，我们不做说明。除数据缺失的四个省份外，全国大体可以分成五个水平的相对贫困发生率。根据模拟结果，相对贫困发生率最高的地区为新疆、青海、宁夏和黑龙江，相对贫困发生率最低的地区是北京、山东、江西和湖南。这个分析结果令人大感意外，说明即便在经济发展水平较高的地区，依然存在相对贫困，可能是贫富差距比较严重造成的，而一些发展水平不高的地区，以相对贫困的视角看，贫困率可能并不高。

通过以上各贫困指标的对比，说明我国的贫困问题存在明显的区域性差异。在我国，到目前为止还没有专门的关于贫困的官方统计数据，所以我们借助各省、区、市的居民可支配收入以及CHNS数据进行估计。为了获得针对地方层面贫困指标的可靠估计，我们建议采用多变量小域估计的方法来减少估测的变异性。对于中国这样幅员辽阔、人口众多的大国，贫富差距不能简单地归结于所谓的“东、中、西部差异”，即贫穷的西部、富裕的东部和不穷不富的中部之间的差异，因为这三个宏观区域在贫困水平和收入不平等等问题上呈现出巨大的内部差异。而这种内部差异会带来一些社会风险，所以了解这种差异也有利于制定预防政策，估计其影响并完善关于因果机制的理论。此外，监督区域内贫困状况尤其是对那些内部差异较大的地区更有价值，例如在西部某些省份，在宗教冲突引发的一些骚乱背后，或多或少都有区域内部收入差距较大的影子。此外还存在区域性劳动力市场和收入方面的显著差异，在某些工业区密集的地方存在收入分配的显著差异。在进行区域性贫困和收入差异分析时，需要收集地域特征的可靠信息以及一些辅助信息。

第六章 精准扶贫背景下贫困指标测度的大数据分析

随着云计算、物联网、移动终端等信息技术的广泛应用，人类社会产生的数据量呈指数增长（达到 PB 级），尤其是数据采集和处理能力的显著提升，引致了大数据时代的来临。精准扶贫背景下，大数据在贫困指标测度方面发挥着重要作用。

第一节 精准扶贫与大数据

大数据是一种规模大到在获取、存储、管理、分析方面大大超出了传统数据库软件工具能力范围的数据集合。在《大数据时代》[①] 中提出了 Volume（巨量的数据规模）、Velocity（高速的数据速率）、Variety（多样的数据类型）、Value（较低的价值密度）的大数据"4V"特征，在全球范围内得到了广泛认可。其中，前 3 个特征反映

① 〔英〕维克托·迈尔·舍恩伯格、肯尼思·库克耶：《大数据时代：生活、工作与思维的大变革》，盛杨燕、周涛译，浙江人民出版社，2013。

了大数据的技术属性，第 4 个特征反映了大数据的价值属性。精准扶贫背景下，贫困指标测度呈现出大数据特征。

一　精准扶贫背景下贫困指标测度的大数据特征

分析大数据“4V”特征与精准扶贫之间的相互关系，是将大数据引入精准扶贫机制的前提条件，为贫困指标测度做好理论铺垫。

第一，精准扶贫数据的巨量性分析。从扶贫对象看，扶贫数据具有明显的巨量性。国家统计局发布数据，据对全国 31 个省份 16 万户居民家庭的抽样调查，按现行国家农村贫困标准测算，2017 年末，全国农村贫困人口 3046 万人，比上年末减少 1289 万人；贫困发生率 3.1%，比上年末下降 1.4 个百分点。从扶贫主体看，涵盖了政府、企业、农户等多个不同的利益主体。除此之外，很多与扶贫有关的支持机构、评价机构等，构成庞大的精准扶贫数据集。

第二，精准扶贫数据的高速性分析。我国贫困人口规模大，流动频次高。贫困人口收入来源变化快，随着大量的纯农型农户向兼业型农户、非农型农户转变，农户就业季节性强，就业形式灵活，可通过选择务工获得工资性收入，土地流转获得财产性收入，销售农产品获得经营性收入等多种方式获得收入。大量多源数据相互交织，共同影响，使得精准扶贫数据的收集和处理都必须满足高速性要求。

第三，精准扶贫数据的多样性分析。扶贫大数据平台涵盖全国承担脱贫攻坚任务的多个省份，牵涉财政、发改、民政、卫计、教育、水利、国土、住建、人社、残联、扶贫办、农业局等诸多政府职能部门的综合数据，数据来源渠道多，覆盖范围广。这些数据中既包括通过入户调查获取的一手数据，还包括统计年鉴以及各行业公报中的二手数据；从数据类型来看，既包括存储在数据库里的结构化数据，如贫困户的家庭成员、收支情况、受教育程度、住房情况、生产条件情况等，又包括以图片、图像、音频以及视频信息等形式存储的非结构化数据，如贫困户占有的耕地、宅基地图片，贫困人口分布的空间数据，驻村干部帮扶照片或视频等。

第四，精准扶贫数据的价值性分析。由于管理体制的条块分割，扶贫数据存储分散、彼此孤立，制约了大数据的生成，降低了数据的使用价值。在精准识别过程中，农村贫困人口的识别需要计算农民年人均纯收入，涉及收入和支出信息。从收入来看，农民收入由工资性收入、经营性收入、财产性收入以及转移性收入四部分构成。其中，前三类收入主要从劳动力市场、商品市场、资本市场或要素市场获得，属于农户的私人信息，扶贫部门很难获得真实数据。从支出来看，较多农户因病、因学、因灾有较大支出，或在婚嫁等方面花费较多，这些数据需要从卫计、教育以及民政等部门获取。分散孤立的收支数据使用价值极低，若不借助大数据技术整合各行业数据，实现数据共享，消除彼此间的信息不对称，就难以实现精准识别。

综上可知，实施精准扶贫机制所产生的数据符合大数据的“4V”特征，可以将大数据技术引入精准扶贫创新机制中。

二　大数据在精准扶贫中的优势

第一，在精准识别中大数据可以关注更多指标。贫困指标可以是与金钱有关的指标，也可以是与金钱无关的指标，例如对于留守儿童的关注。由于孩子缺乏父母的关心，可能会造成其心理扭曲，久而久之就辍学，会形成恶性循环，贫困群众不仅自己没有脱贫，其下一代可能重蹈覆辙。现在所采用的贫困指标比较单薄，造成最后的结果有一定的偏颇，而大数据可以更加丰富贫困指标。

第二，贫困群众的致贫原因是多种多样的，是教育、经济、环境等综合因素导致了贫困群众现有的状况，虽然在精准扶贫中实施了不同的帮扶措施，但是依旧出现了部分的返贫现象。部分贫困户可能已经摆脱了贫困，但是因病、因学又成了返贫人口。大数据对识别贫困户提供了更多的方法，能更准确地反映其贫困现状。

第三，部分贫困户不仅依赖思想很严重甚至还比较消极，坐等着国家和社会的救济，虚报或是隐瞒家中情况，需要大数据来对贫困人群加以识别。贫困原因是多种多样的，这些原因也是不断变化的，大数据可以综合贫困户所处的环境以及经济、观念、文化等方面的致贫因素。经过大量的调研，将当地的地理环境、人文风貌与所调研的贫困户自身的文化素养及其当前的发展能力相结合，构建全面动态的大数据贫困指标体系，分析其致贫原因。

第四，大数据使得扶贫工作评估更加全面和科学。通过大数据评估，对其相关的扶贫工作进行检验，可以更加有效地完善现有的精准扶贫工作，同时也是对精准扶贫工作的一种监督，在对工作肯定的同时提出改善的建议。通过大数据平台，扶贫对象也可以参与到评估工作中来，纠正指标数据的偏差，使评估工作更加科学民主化。

第二节　基于大数据的贫困指标测度方法研究

一　大数据在精准扶贫中的现实意义

随着社会信息化、数据化、智能化的不断深入，精准扶贫工作不断走向具体和细致，大数据对精准扶贫的支撑作用越来越明显，成为精准扶贫的可行路径和有效支撑。大数据与精准扶贫相互融合，相互促进，达到双赢的目的。

第一，大数据有利于构建动态完整的贫困指标库和信息库。在《建立精准扶贫工作机制实施方案》中，精准扶贫工作的“信息化建设”被提升到新的高度，提出“国务院扶贫办制定和组织实施全国扶贫开发信息化建设规划和建设方案，制订标准规范，整合办内原有信息系统，建设统一的应用软件系统”。依托大数据资源，充分利用人口基础信息库、自然资源和空间地理基础信息库以及经济信息资源库等基础信息资源，采集税务、金融、民政、社会保障、城乡建设等扶贫业务相关领域信息，通过云计算、云储存、云管理等现代化信息处理手段将扶贫信息加以数据化，建设统一的大数据信息资源库。同时制定并完善数据资源管理办法，确定扶贫业务部门之间的数据共享范围，统一扶贫数据的交换标准，实现扶贫信息的区域共享，为扶贫工作的进一步深化提供数据决策支持。

第二，大数据有利于强化贫困指标测度的科学分析。精确挖掘贫困的大数据资源是进行科学化分析的首要前提，运用统计分析方法建立数理模型对多样化的数据信息加以集成融合，从而归纳出数据资料的整体关联性和内在规律性。首先，依据数理模型的输出数据了解贫困者的生产生活状况和技能掌握程度，进而研究、预测贫困者的行为方式、价值判断以及导致其发展状态受阻或贫困状况加剧的原因。应用大数据对精准识别后的贫困人口进行分类，分析梳理出不同类型的致贫原因，从而可以更为有效地集中社会力量更有针对性和选择性地进行精准帮扶。其次，通过动态监测全方位跟进扶贫进程，不断加强数据分析以满足贫困者的动态需求，提高资源配置效率。以往的扶贫开发工作之所以成效不显著，除了在识别贫困人口方面存在误差之外，没有建立贫困动态管理和退出机制也是一个重要的原因。通过将大数据应用到精准扶贫动态管理体系中去，对于已经脱贫的贫困人口实行动态退出，对于返贫的贫困人口及时给予精准帮扶，就能够建立起长效持续的贫困动态管理机制。

第三，大数据有利于建立贫困指标测度的动态机制。大数据视域下的精准扶贫通过现代化信息处理手段改变以往的静态管理模式，实现扶贫管理由静态处理到动态预测的跨越，实现大数据管理系统中定点、定人、定村实时查询。动态管理一方面是持续监测扶贫项目的进展情况，随着扶贫工作的进一步深化，贫困者的生活条件得到相应改善，帮扶人员则要有针对性地更改扶贫计划以实现“靶向精准”；另一方面则是根据贫困者的需要合理配置扶贫物资与扶贫资金，引导资金流的下放方向，实现扶贫资源的合理配置。

第四，大数据技术有利于完善贫困指标测度的数据支持系统。为完善贫困指标体系，一方面依据扶贫成效的大数据进行量化分析，建立大数据精准扶贫管理平台的评估系统，将数据平台中的贫困人口识别、贫困人口退出、贫困地区收入增长、扶贫资金配置精确度等考核指标与数据评估系统相对接，客观考察当地的扶贫成效。另一方面在大数据平台中建立“第三方”评估系统，通过信息交互技术收集、整理群众的想法和意见，将第三方评估信息量化为一定的参照比重纳入完整的评估体系中，以公正透明的方式增加评估结果的可信度和真实性。

二　精准扶贫背景下贫困指标的大数据应用

与传统的粗放式扶贫方式相比，精准扶贫具有明显的精细化、科学化和高效性的特点。首先，要求数据信息的采集要真实，要将贫困地区的人口、经济、资源、基础设施建设等相关情况以及贫困户的真实信息采集到大数据平台；其次，对信息进行数字化、信息化、网络化处理，建立精准扶贫贫困大数据平台；再次，围绕产业、教育、健康、众创、科技等建立专项扶贫项目和工程，实现数据的统筹利用；最后，完成精准扶贫的大数据融合。

第一，通过强化贫困指标收集，搭建大数据平台来摸清家底，确保数据采集的真实性。应提高干部对大数据的认识，提高对大数据应用于精准扶贫的认识，领悟到精准扶贫中大数据应用的重要性。同时，开展相应的培训，介绍大数据的价值及使用规范，加深干部对大数据的了解，使干部直观感受应用大数据提升农村扶贫精准度的过程与效果。此外，聘请专家学者讲解大数据应用于精准扶贫的优势和特点，使干部提高扶贫认识、转变扶贫观念，探索扶贫新机制。

贫困识别指标是精准确定贫困户的关键因素。构建贫困识别指标时应坚持定性与定量相结合的原则，应加大宣传力度，对村民中少报、瞒报各项指标者给予相应的监督与惩罚，提高大数据的真实性。同时应多部门合作，共同制定更加科学合理的贫困评分标准，优化评分内容，完善指标体系。

为保证大数据平台中的数据真实有效，应提升各级干部深入村组收集数据的技巧，要准确收集贫困户的家庭情况、真实收入、致贫原因、扶贫计划等相关信息，并将这些信息录入数据平台。定期反馈调查、更新数据，高度关注返贫群体，实现数据资源的动态化管理。为保证数据采集的公正性，还应强化非政府组织的参与。非政府组织具有客观性、公益性、服务性等特点，其参与信息收集可提高贫困户数据信息的公正性与准确性，进一步确保数据采集的真实性。

第二，通过更新基础数据库来综合诊断，保证数据管理的动态性。为提升大数据应用于精准扶贫的效果，应建立精准扶贫基础数据库，对贫困信息进行综合诊断，动态调整数据信息。首先，动态更新扶贫数据，动态监管扶贫过程。利用大数据平台开展精准扶贫，对人、财、物与贫困户的基本情况、致贫原因和帮扶措施进行动态监管，确保扶贫工作的实时观测与动态分析，实现农村精准帮扶的精细化。其次，动态调整贫困指标体系。动态掌握贫困人口的需求，了解贫困人口的心理变化，根据扶贫阶段性成效及扶贫过程中存在的问题，有针对性地改变贫困指标体系，确保资源配置的精准性与高效性。再次，动态跟踪扶贫对象的状态。大数据能全方位、多层次监督贫困信息，经过帮扶的贫困户达到脱贫条件就应从信息系统中移除，实现扶贫对象可动态调整。最后，动态掌控外部宏观环境。借助大数据动态应对外部环境的变化，根据资源情况搜寻有利于当地发展的扶贫项目，有针对性地制定扶贫计划，调整扶贫方案，探索满足当地发展需求的扶贫新路径。

第三，凸显大数据利用的科学性，运用大数据进行精准扶贫。在大数据平台中，量化分析贫困户的贫困程度与致贫原因，找准精准扶贫的定位方向，根据贫困人口对待贫困的态度，有针对性地制定脱贫方案，实现精准脱贫的技术突破。充分利用大数据资源，实现精准扶贫信息共享。通过大数据扶贫平台，制定有针对性的扶贫方案，带动扶贫产业的综合发展。动态监控贫困户信息，根据贫困户不同的致贫原因进行精准扶贫，使资源效益实现最大化，促进精准脱贫工作的协调发展。

第四，完成精准扶贫的大数据融合，保障决策支持的有效性。为提升扶贫效果，扶贫数据应逐步向所有的参与主体开放，包括向政府、企业、非政府组织、个人开放，实现社会扶贫资源的精准化配置。应完善贫困指标动态调整机制，贫困指标应是多维的，既有定性也有定量，既注重当前又考虑长远。动态评估申请人的项目情况，动态评估项目要求，同时评估项目所带动的贫困户情况，保证扶贫资金能够真正用到需要帮扶的贫困人口身上。强化问责机制，增强责任意识，鼓励村民参与民主监督，使扶贫工作在公正透明的环境下运行，确保扶贫项目顺利开展，保障决策支持的有效性。

第七章
结论与展望

第一节　研究结论与不足

一　研究结论

在本书中，我们采用经验贝叶斯方法来估测小域条件下的贫困指标。采用参数自举的方法来获取均方误差的估计值。模拟实验的结论显示经验贝叶斯方法的估计值要优于直接估计值和 ELL 方法估计值。

模型（5.6）阐释了 ELL 方法和经验贝叶斯方法的近似之处。当 ELL 方法的采样群相对较小时，它会生成一个完整的采样群或者由自举模型（5.10）生成统计文件的相应变量 Y_{dj}，而后由此来运算贫困指标的估计值。自举程序重复使用多次，由此生成的贫困测量值采用自举重复的方法来求均值。由经验贝叶斯方法也能产生统计文件，但是需要先将分析抽样变量 Y_{dj} 植入相应位置，并随后由需满足条件的（5.6）式产生抽样数据以外的数值。应用于 ELL 方法的模型（5.6）和模型（5.9）的主要区别是：$\sigma_u^2 lN_d - n_d l'_{n_d} V_{ds}^{-1}$（$y_s - X_s\beta$）会出现在需满足条件的（5.4）式中。程序的剩余部分与 ELL 方法一致。由此，这一变量将强化未被辅助变量完全注释的采样领域，进而大大降低估计值的均方误差。

值得指出的是，ELL 方法所采纳的数值并没有要求对采样群进行标识，这一点区别于经验贝叶斯方法。ELL 方法的这一特性或许会吸引很多研究人员，因为这种方法不要求将抽样数据在抽样域以外的统计文件中进行标识。不过，正如在第五章所指出的那样，重复运行多次自举程序得到贫困指标的多个模拟值，把贫困指标模拟值的均值作为贫困指标的测度值，而 ELL 方法比直接估计方法的效率略低一些。

我们说经验贝叶斯方法是一个基于设计模型的方法，它很大程度上有赖于模型的有效性。因此，模型选择程序和模型诊断在实际应用中就显得尤为重要。

在模拟实验中，经验贝叶斯方法也被用于估测各种其他小域的数值，包括不可分割的一些指标，如分位数和基尼系数等。通过将经验贝叶斯估计值的偏差和均方误差与直接估计值和 ELL 方法下的估计值做比对，所得出的结论表明，经验贝叶斯方法也是适用的。

我们也尝试了 HB 方法，结合经验贝叶斯方法，进行贫困指标的推断以及其他小域估算，其中采用了有效的贝叶斯抽样方法用于嵌套误差线性回归模型。HB 方法通过所需的抽样群分布提供了“精确的”推断，包括对所需要的参数的置信区间估算。如何判断结论的“好”与“坏”可以参考第四章第三节模型的选择和检验。

二　研究的不足

本书快结尾的时候，总有些话想说，尽管接触小域估计和贫困理论及其指标的测度已经有两年多的时间，从开始动笔写到现在也过去一年多了，虽然告一段落，但是心里感觉应该能够做得更完善一些，觉得在研究中有很多理论问题没有完全搞清楚，也有一些逻辑关系没有理顺，有些细节没有阐述清晰，还有些方法还不能应用自如，总之感觉有很多遗憾。

具体说来，本书中的不足主要表现在以下几个方面。首先，本书的重点是“估计”或“测度”，但每一个现实问题都有自身的特征和规律，用小域估计的方法对贫困指标进行测度，应该在运用小域估计方法解决一般性问题的基础上，考虑贫困指标测度的特殊性。其次，数据问题，尽管花了很长时间对数据进行收集、整理、推断，在运用的时候仍感到不够全面和客观，尽管小域估计不需要普查数据，也需要一些辅助数据用于推断，实际上，真正在进行估计的时候，数据依然无法满足客观需要。尽管通过各种途径补充了一些数据，但是因为实际获取第一手调查资料非常困难，所以对于应该做得比较详细的贫困问题的分析也略显粗糙，从统计特性上看，在贫困指标的估计与推断上也不敢说是精确的。最后，对于笔者来说，无论是小域估计还是贫困测度，在两年前还都是陌生的领域，所以对文中有些理论知识和方法理解得可能不够深刻，可能有错误。总之，受笔者学术能力和研究水平的限制，文中疏漏与错误很多，敬请方家、师长们批评指正。

第二节　对未来的展望

一般说来，较大规模的政府调研通常都会提供精确的官方统计数据。但并不是所有的经济社会问题都有全面、精确的数据来反映，所以小域估计的应用前景非常乐观，它可以节约大量的人力物力。此外，人们也可以运用辅助信息降低小域估计的均方误差，例如，当抽样领域的范围很小时，来自政府数据的辅助变量经常作为协变量被用于一些复合式线性模型。对于某个小域来说，人们一般认为辅助信息是可用的。尽管，在多数情况下，这些辅助信息只适用于其中的部分小域，而这些辅助信息，要么是来自另一项调研，要么是来自之前的相同类型的调研。那些推荐和研究小域估计的人采用多元模型将多项调研的数据进行整合借以研究小域估计。他们探讨各种算法，在一些模拟研究中得出结论，当数据对象在不同调研中存在足够的相关性的时候，就会获得一个更有效的估计值。经济学家萨缪尔森说过：有能力者，研究科学；无能力者，奢谈方法。这句话对那些方法论研究者来说是一个打击，也让那些初踏学术门径的人保持头脑的冷静，但是并不是所有的人都适合去搞“高、大、上”的理论研究，也需要那些踏踏实实的人做一些细致的工作。

在面对小域问题的时候，是选择贝叶斯学派的方法还是选择频率学派的方法呢？很多人对频率学派情有独钟，但是贝叶斯学派也有它很明显的优势。这是因为我们总能从区域参数的后验分布里获取所有需要的观察值，于是从模型和推断的可能性上来说就显得很灵活，另外还要注意预测均方误差（PMSE）的运算或贝叶斯学派模型下的置信区间并不依赖于渐进性。人们对于贝叶斯学派的批评通常都是说，这一算法需要特定规则的先验分布，但是贝叶斯学派的方法能够用各种方式来进行检验，无论它所采用的模型恰当与否。而对于贝叶斯学派的另一项批评是说，在应用这一算法的时候，通常会需要操作者具备相当专业的知识和计算能力，甚至于还需要有现代化的软件工具。但事实上使用频率学派算法的时候通常也会要求有较强的计算能力以及知识技能等。我们认为，在未来的若干年里频率学派算法还将会持续处于主导地位，因为，除个别情况之外，官方统计机构一般都不怎么乐意采纳贝叶斯算法。

小域估计是统计学范畴内一个全新的研究领域，发展到现在，还不能像“抽样技术”一样成为一个成熟的学科。但近些年小域估计的发展突飞猛进，无论从理论的角度还是方法的角度，小域估计在国际上已经成为统计学家以及计量学家们关注的热点，新成果不断地出现，尤其是在北美和西欧的统计学界，得到了极大的发展，中国国内也有一些专家学者把目光投到这一领域。

一方面，小域估计的贫困测度已经引起世界银行的注意，也有一些国家的政府部门尝试采用这一方法对贫困问题进行测度。正如本书绪论所说的，小域估计方法对贫困的测度有利于对贫困问题做动态的观测。另一方面，小域估计的方法也运用到诸如犯罪调查、地方病及其防治、气候变化等方面。总而言之，小域估计在这个信息爆炸的时代里可能让我们更好地抓住问题的本质，它的前景是光明的。

参考文献

陈娟：《我国城镇贫困变动及影响因素研究——基于收入分布拟合及分解模型研究》，《数学的实践与认识》2010 年第 19 期。

陈新、沈扬扬：《新时期中国农村贫困状况与政府反贫困政策效果评估——以天津市农村为案例的分析》，《南开经济研究》2014 年第 3 期。

洪兴建、邓倩：《中国农村贫困的动态研究》，《统计研究》2013 年第 5 期。

侯石安、谢玲：《贵州农村贫困程度及其影响因素分析——基于 2001 ~ 2012 年贵州农村 FGT 贫困指数的多维测度》，《贵州社会科学》2014 年第 7 期。

李翠锦：《新疆农村贫困的测度及其变动原因分析》，《安徽农业科学》2010 年第 11 期。

李实：《九十年代末中国城市贫困的增加及其原因》，http：//m. kdnet. net/share-759598. html，2003 年 10 月 27 日。

林燕娜：《中国贫困的动态分析——基于 CHNS 数据的经验研究》，《时代金融》2013 年第 12 期。

刘林、龚新蜀、李翠锦：《西北地区城镇居民贫困程度的测度与实证分析》，《人口学刊》2011 年第 6 期。

刘林、龚新蜀、李翠锦：《边疆地区农村贫困程度的测度与模拟分析——以新疆维吾尔自治区为例》，《统计与信息论坛》2011 年第 8 期。

王卓：《中国贫困人口研究》，四川科技出版社，2004。

席雪红：《河南省农村居民相对贫困动态演化的实证研究》，《安徽农业科学》2012 年第 18 期。

赵大利：《1985～2005 年湖北省农村贫困测算与模拟分析》，《中南财经政法大学研究生学报》2007 年第 5 期。

Battese G. E., Harter R. M., and Fuller W. A., "An Error-Components Model for Prediction of County Crop Areas Using Survey and Satellite Data," *Journal of the American Statistical Association* 83 (1988): 28－36.

Bayarri M. J., and Castellanos M. E., "Bayesian Checking of the Second Levels of Hierarchical Models," *Statistical Science* 22 (2007): 322－343.

Bell W. R., and Huang E. T., Using the T-Distribution to Deal with Outliers in Small Area Estimation (paper represented at Proceedings of Statistics Canada Symposium 2006: Methodological Issues in Measuring Population Health, Ottawa, 2006).

Chambers R., Chandra H., and Tzavidis N., "On Bias-Robust Mean Squared Error Estimation for Pseudo-Linear Small Area Estimators," *Survey Methodology* 37 (2): 153－170.

Chambers R., and Tzavidis N., "M-Quantile Models for Small Area

Estimation," *Biometrika* 93 (2006): 255 - 268.

Chandra H., and Chambers R., "Multipurpose Weighting for Small Area Estimation," *Journal of Official Statistics* 25 (2009): 379 - 395.

Chatterjee S., Lahiri P., and Li H. L., "Parametric Bootstrap Approximation to the Distribution of EBLUP and Related Prediction Intervals in Linear Mixed Models," *The Annals of Statistics* 36 (2008): 1221 - 1245.

Chaudhuri S., and Ghosh M., "Empirical Likelihood for Small Area Estimation," *Biometrika* 98 (2011): 473 - 480.

Chen S., and Lahiri P., "On Mean Squared Prediction Error Estimation in Small Area Estimation Problems," *Communications in Statistics-Theory and Methods* 37 (2008): 1792 - 1798.

Ghosh M., and Sinha K., "Empirical Bayes Estimation in Finite Population Sampling Under Functional Measurement Error Models," *Journal of Statistical Planning and Inference* 137 (2007): 2759 - 2773.

Datta G. S., "Model-Based Approach to Small Area Estimation," *Handbook of Statistics* 29 (2009): 251 - 288.

Datta G. S., Hall P., and Mandal A., "Model Selection by Testing for the Presence of Small-Area Effects, and Application to Area-Level Data," *Journal of the American Statistical Association* 106 (2011): 362 - 374.

Datta G. S., and Lahiri P. A., "Unified Measure of Uncertainty of Estimated Best Linear Unbiased Predictors in Small Area Estimation Problems," *Statistica Sinica* 10 (2000): 613 - 628.

Datta G. S., Rao J. N. K., and Smith D. D., "On Measuring the

Variability of Small Area Estimators Under a Basic Area Level Model," *Biometrika* 92 (2005): 183 - 196.

Datta G. S., Rao J. N. K., and Torabi M., "Pseudo-Empirical Bayes Estimation of Small Area Means Under a Nested Error Linear Regression Model with Functional Measurement Errors," *Journal of Statistical Planning and Inference* 140 (2010): 2952 - 2962.

Das K., Jiang J., and Rao J. N. K., "Mean Squared Error of Empirical Predictor," *The Annals of Statistics* 32 (2004): 818 - 840.

Dey D. K., Gelfand A. E., Swartz T. B., and Vlachos P. K., "A Simulation-Intensive Approach for Checking Hierarchical Models," *Test* 7 (1998): 325 - 346.

Elbers C., Lanjouw J. O., and Lanjouw P., "Micro-Level Estimation of Poverty and Inequality," *Econometrica* 71 (2003): 355 - 364.

Estevao V. M., and Särndal C. E., "Borrowing Strength is not the Best Technique Within a Wide Class of Design-Consistent Domain Estimators," *Journal of Official Statistics* 20 (2004): 645 - 669.

Estevao V. M., and Säarndal C. E., "Survey Estimates by Calibration on Complex Auxiliary Information," *International Statistical Review* 74 (2006): 127 - 147.

Fabrizi E., Ferrante M. R., and Pacei S., "Measuring Sub-National Income Poverty by Using a Small Area Multivariate Approach," *Review of Income and Wealth* 54 (2008): 597 - 615.

Falorsi P. D., and Righi P., "A Balanced Sampling Approach for Multi-Way Stratification Designs for Small Area Estimation," *Survey Methodology* 34 (2008): 223 - 234.

Survey Methodology 29 (2003): 33 -44.

Lehtonen R., Särndal C. E., and Veijanen A., "Does the Model Matter? Comparing Model-Assisted and Model-Dependent Estimators of Class Frequencies for Domains," *Statistics in Transition* (2005): 649 -673.

Lehtonen R., and Veijanen A., "Design-Based Methods of Estimation for Domains and Small Areas," *Handbook of Statistics* 29 (2009): 219 -249.

Lohr S. L., and Rao J. N. K., "Jackknife Estimation of Mean Squared Error of Small Area Predictors in Nonlinear Mixed Models," *Biometrika* 96 (2009): 457 -468.

Macgibbon B., and Tomberlin T. J., "Small Area Estimates of Proportions via Empirical Bayes Techniques," *Survey Methodology* 15 (1989): 341 -346.

Malec D., Davis W. W., and Cao X., "Model-Based Small Area Estimates of Overweight Prevalence Using Sample Selection Adjustment," *Statistics in Medicine* 18 (1999): 3189 -3200.

Malinovsky Y., and Rinott Y., "Prediction of Ordered Random Effects in a Simple Small Area Model," *Statistica Sinica* 20 (2009): 1 -30.

Miranti R., McNamara J., Tanton R., and Harding A., "Poverty at the Local Level: National and Small Area Poverty Estimates by Family Type for Australia in 2006," *Applied Spatial Analysis and Policy* 4 (2011): 145 -171.

Mohadjer L., Rao J. N. K., Liu B., Krenzke T., and Van De

Kerckhove W., "Hierarchical Bayes Small Area Estimates of Adult Literacy Using Unmatched Sampling and Linking Models," *Journal of the Indian Society of Agricultural Statistics* 66 (2012): 55-63.

Molina I., and Rao J. N. K., "Small Area Estimation of Poverty Indicators," *Canadian Journal of Statistics* 38 (2010): 369-385.

Nandram B., and Choi J. W., "A Bayesian Analysis of Body Mass Index Data from Small Domains Under Nonignorable Nonresponse and Selection," *Journal of the American Statistical Association* 105 (2010): 120-135.

Nandram B., and Sayit H., "A Bayesian Analysis of Small Area Probabilities Under a Constraint," *Survey Methodology* 37 (2011): 137-152.

Neri L., Ballini F., and Betti G., "Poverty and Inequality Mapping in Transition Countries," http://www.econ-pol.unisi.it/quaderni/52DMQ.pdf.

Opsomer J. D., Claeskens G., Ranalli M. G., Kauermann G., and Breidt F. J. "Non-Parametric Small Area Estimation Using Penalized Spline Regression," *Journal of the Royal Statistical Society: Series B (Statistical Methodology)* 70 (2008): 265-286.

Pan Z., and Lin D. Y. "Goodness-of-Fit Methods for Generalized Linear Mixed Models," *Biometrics* 61 (2005): 1000-1009.

Pfeffermann D., "Small Area Estimation-New Developments and Directions," *International Statistical Review* 70 (2002): 125-143.

Pfeffermann D., "New Important Developments in Small Area Estimation," *Statistical Science* 28 (2013): 40-68.

Pfeffermann D., and Correa S., "Empirical Bootstrap Bias Correction and Estimation of Prediction Mean Square Error in Small Area Estimation," *Biometrika* 99 (2012): 457 – 472.

Pfeffermann D., Skinner C. J., Holmes D. J., Goldstein H., and Rasbash J., "Weighting for Unequal Selection Probabilities in Multilevel Models," *Journal of the Royal Statistical Society: Series B (Statistical Methodology)* 60 (1998): 23 – 40.

Pfeffermann D., and Sverchkov M., "Small-Area Estimation Under Informative Probability Sampling of Areas and Within the Selected Areas," *Journal of the American Statistical Association* 102 (2007): 1427 – 1439.

Pfeffermann D., and Tiller R., "Small-Area Estimation with State-Space Models Subject to Benchmark Constraints," *Journal of the American Statistical Association* 101 (2006): 1387 – 1397.

Prasad N. G. N., and Rao J. N. K., "The Estimation of the Mean Squared Error of Small-Area Estimators," *Journal of the American Statistical Association* 85 (1990): 163 – 171.

Rao J. N. K., and Ghosh M., "Small Area Estimation: An Appraisal," *Statistical Science* 9 (1994): 55 – 76.

Sen A., *Poverty and Famines: An Essay on Entitlement and Deprivation* (New York: Oxford University Press, 1983).

Sinha S. K., and Rao J. N. K., "Robust Small Area Estimation," *Canadian Journal of Statistics* 37 (2009): 381 – 399.

Torabi M., Datta G. S., and Rao J. N. K., "Empirical Bayes Estimation of Small Area Means under a Nested Error Linear Regression Model with Measurement Errors in the Covariates," *Scandinavian Journal of Statistics* 36 (2009): 355 –369.

Torabi M., and Rao J. N. K., "Small Area Estimation Under a Two-Level Model," *Survey Methodology* 34 (2008): 11 –16.

Tzavidis N., Marchetti S., and Chambers R., "Robust Estimation of Small-Area Means and Quantiles," *Australian and New Zealand Journal of Statistics* 52 (2010): 167 –186.

Ugarte M. D., Militino A. F., and Goicoa T., "Benchmarked Estimates in Small Areas Using Linear Mixed Models with Restrictions," *Test* 18 (2009): 342 –364.

Vaida F., and Blanchard S., "Conditional Akaike Information for Mixed-Effects Models," *Biometrika* 92 (2005): 351 –370.

Wang J., Fuller W. A., and Qu Y., "Small Area Estimation Under a Restriction," *Survey Methodology* 34 (2008): 29 –36.

Wright D. L., Stern H. S., and Cressie N., "Loss Functions for Estimation of Extrema with an Application to Disease Mapping," *Canadian Journal of Statistics* 31 (2003): 251 –266.

Yan G., and Sedransk J., "Bayesian Diagnostic Techniques for Detecting Hierarchical Structure," *Bayesian Analysis* 2 (2007): 735 –760.

Yan G., and Sedransk J., "A Note on Bayesian Residuals as a Hierarchical Model Diagnostic Technique," *Statistical Papers* 51 (2010): 1 –10.

Ybarra L. M. R., and Lohr S. L., "Small Area Estimation When Auxiliary Information Is Measured with Error," *Biometrika* 95 (2008): 919 –931.

Zhang L. C., "Estimates for Small Area Compositions Subjected to Informative Missing Data," *Survey Methodology* 35 (2009): 191 - 201.

Zhang L. C., and Chambers R. L., "Small Area Estimates for Cross-Classifications," *Journal of the Royal Statistical Society: Series B (Statistical Methodology)* 66 (2004): 479 - 496.

附　录

附录1　R 语言程序

附录：本文所用程序

```
###########################################################
#                    2001 ~2013 年收入分布
###########################################################
library( maps)
library( mapdata)
library( maptools)
x < - readShapePoly( 'bou2_4p. shp')
data < - read. csv( 'shouru. csv',header = T)
levels( x $ NAME)
angle < - NULL
density < - c( rep( 30,31) ,0)
fun < - function( x,y) {
  if( x < quantile( y,0. 2) +1) {
    return( 0)
```

```
    } else if(x < quantile(y,0.4) +1){
      return(30)
    } else if(x < quantile(y,0.6) +1){
      return(58)
    } else if(x < quantile(y,0.8) +1){
      return(90)
    } else{
      return(135)
    }
}
###################2001################################
k <- 2
png(file = paste(1999 + k,"年.png",sep = ''))
angle <- sapply(data[,k],fun,data[,k])
quantile(data[,k],probs = c(0.2,0.4,0.6,0.8))
angle <- c(angle,0)
fun1 <- function(x,y){
  inde <- ifelse(as.vector(x) %in% y,  which(as.vector(x) == y),32)
  return(inde)
}
inde <- sapply(x$NAME,fun1,data[,1])
l <- plot(x,density = density[inde],
      angle = angle[inde],ylim = c(30,33))
legend(71,58,density = rep(30,5),angle = c(0,30,58,90,135),
        legend = c(paste('~',round(quantile(data[,k],0.2),0),sep = ''),
              paste(round(quantile(data[,k],0.2),0),'~',round(quantile(data[,k],0.4),
0),sep = ''),
              paste(round(quantile(data[,k],0.4),0),'~',round(quantile(data[,k],0.6),
0),sep = ''),
```

```
    paste(round(quantile(data[,k],0.6),0),'~',round(quantile(data[,k],0.8),0),sep = '
'),
                    paste(round(quantile(data[,k],0.8),0),'~',sep = '')),
        cex = 0.7,horiz = F,ncol = 2)
    rect(71,15,136,58)
    text(71,16,label = paste(1999 + k,"年",sep = ''),pos = 4)
    dev.off()
    ###################2002###############################
    k <- 3
    png(file = paste(1999 + k,"年.png",sep = ''))
    angle <- sapply(data[,k],fun,data[,k])
    quantile(data[,k],probs = c(0.2,0.4,0.6,0.8))
    angle <- c(angle,0)
    fun1 <- function(x,y){
      inde <- ifelse(as.vector(x)%in% y,  which(as.vector(x) == y),32)
      return(inde)
    }
    inde <- sapply(x$NAME,fun1,data[,1])
    plot(x,density = density[inde],
         angle = angle[inde],ylim = c(30,33))
    legend(71,58,density = rep(30,5),angle = c(0,30,58,90,135),
           legend = c(paste('~',round(quantile(data[,k],0.2),0),sep = ''),
             paste(round(quantile(data[,k],0.2),0),'~',round(quantile(data[,k],0.4),
0),sep = ''),
              paste(round(quantile(data[,k],0.4),0),'~',round(quantile(data[,k],0.6),
0),sep = ''),
              paste(round(quantile(data[,k],0.6),0),'~',round(quantile(data[,k],0.8),
0),sep = ''),
                    paste(round(quantile(data[,k],0.8),0),'~',sep = '')),
```

```
        cex = 0.7,horiz = F,ncol = 2)
    rect(71,15,136,58)
    text(71,16,label = paste(1999 + k,"年",sep = ''),pos = 4)
    dev.off()
    ##################2003###############################
    k <- 4
    png(file = paste(1999 + k,"年.png",sep = ''))
    angle <- sapply(data[,k],fun,data[,k])
    quantile(data[,k],probs = c(0.2,0.4,0.6,0.8))
    angle <- c(angle,0)
    fun1 <- function(x,y){
      inde <- ifelse(as.vector(x)%in% y,  which(as.vector(x) == y),32)
      return(inde)
    }
    inde <- sapply(x$NAME,fun1,data[,1])
    plot(x,density = density[inde],
         angle = angle[inde],ylim = c(30,33))
    legend(71,58,density = rep(30,5),angle = c(0,30,58,90,135),
           legend = c(paste('~',round(quantile(data[,k],0.2),0),sep = ''),
           paste(round(quantile(data[,k],0.2),0),'~',round(quantile(data[,k],0.4),0),
sep = ''),
           paste(round(quantile(data[,k],0.4),0),'~',round(quantile(data[,k],0.6),0),
sep = ''),
             paste(round(quantile(data[,k],0.6),0),'~',round(quantile(data[,k],0.8),
0),sep = ''),
             paste(round(quantile(data[,k],0.8),0),'~',sep = '')),
        cex = 0.7,horiz = F,ncol = 2)
    rect(71,15,136,58)
    text(71,16,label = paste(1999 + k,"年",sep = ''),pos = 4)
```

```
dev. off( )
###################2004################################
k < - 5
png( file = paste( 1999 + k, "年. png" , sep  =  ') )
angle  < -  sapply( data[ , k ] , fun , data[ , k ] )
quantile( data[ , k ] , probs  =  c( 0. 2 , 0. 4 , 0. 6 , 0. 8 ) )
angle  < -  c( angle , 0 )
fun1  < -  function( x , y ) {
  inde  < -  ifelse( as. vector( x ) % in%  y ,   which( as. vector( x ) = =  y ) , 32 )
  return( inde )
}
inde  < -  sapply( x $ NAME , fun1 , data[ , 1 ] )
plot( x , density  =  density[ inde ] ,
     angle = angle[ inde ] )
legend( 71 , 58 , density  =  rep( 30 , 5 ) , angle  =  c( 0 , 30 , 58 , 90 , 135 ) ,
       legend  =  c( paste( '~ ', round( quantile( data[ , k ] , 0. 2 ) , 0 ) , sep  =  ') ,
       paste( round( quantile( data[ , k ] , 0. 2 ) , 0 ) , '~ ', round( quantile( data[ , k ] , 0. 4 ) , 0 ) ,
sep  =  ') ,
       paste( round( quantile( data[ , k ] , 0. 4 ) , 0 ) , '~ ', round( quantile( data[ , k ] , 0. 6 ) , 0 ) ,
sep  =  ') ,
       paste( round( quantile( data[ , k ] , 0. 6 ) , 0 ) , '~ ', round( quantile( data[ , k ] , 0. 8 ) , 0 ) ,
sep  =  ') ,
       paste( round( quantile( data[ , k ] , 0. 8 ) , 0 ) , '~ ', sep  =  ') ) ,
      cex  =  0. 7 , horiz  =  F , ncol  =  2 )
rect( 71 , 15 , 136 , 58 )
text( 71 , 16 , label  =  paste( 1999 + k , " 年" , sep  =  ') , pos  =  4 )
dev. off( )
###################2005################################
k  < -  6
```

```
png( file = paste( 1999 + k ," 年. png" ,sep = '') )
angle < - sapply( data[ ,k] ,fun,data[ ,k])
quantile( data[ ,k] ,probs = c(0.2,0.4,0.6,0.8))
angle < - c( angle,0)
fun1 < - function( x,y) {
  inde < - ifelse( as. vector( x) % in% y,  which( as. vector( x) = = y) ,32)
  return( inde)
}
inde < - sapply( x $ NAME,fun1,data[ ,1])
plot( x,density = density[ inde] ,
     angle = angle[ inde] )
legend(71,58,density = rep(30,5) ,angle = c(0,30,58,90,135) ,
        legend = c( paste( '~ ',round( quantile( data[ ,k] ,0.2) ,0) ,sep = '') ,
          paste( round( quantile( data[ ,k] ,0.2) ,0) ,'~ ',round( quantile( data[ ,k] ,0.4) ,
0) ,sep = '') ,
          paste( round( quantile( data[ ,k] ,0.4) ,0) ,'~ ',round( quantile( data[ ,k] ,0.6) ,
0) ,sep = '') ,
          paste( round( quantile( data[ ,k] ,0.6) ,0) ,'~ ',round( quantile( data[ ,k] ,0.8) ,
0) ,sep = '') ,
          paste( round( quantile( data[ ,k] ,0.8) ,0) ,'~ ',sep = '') ) ,
       cex = 0.7,horiz = F,ncol = 2)
rect(71,15,136,58)
text(71,16,label = paste(1999 + k," 年" ,sep = '') ,pos = 4)
dev. off( )
###################2006################################
k < - 7
png( file = paste( 1999 + k ," 年. png" ,sep = '') )
angle < - sapply( data[ ,k] ,fun,data[ ,k])
quantile( data[ ,k] ,probs = c(0.2,0.4,0.6,0.8))
```

```
angle < - c(angle,0)
fun1 < - function(x,y){
  inde < - ifelse(as. vector(x)% in% y,  which(as. vector(x) = = y),32)
  return(inde)
}
inde < - sapply(x $ NAME,fun1,data[ ,1])
plot(x,density = density[inde],
     angle = angle[inde])
legend(71,58,density = rep(30,5),angle = c(0,30,58,90,135),
       legend = c(paste('~',round(quantile(data[ ,k],0.2),0),sep = ''),
       paste(round(quantile(data[ ,k],0.2),0),'~',round(quantile(data[ ,k],0.4),0),
sep = ''),
       paste(round(quantile(data[ ,k],0.4),0),'~',round(quantile(data[ ,k],0.6),0),
sep = ''),
       paste(round(quantile(data[ ,k],0.6),0),'~',round(quantile(data[ ,k],0.8),0),
sep = ''),
       paste(round(quantile(data[ ,k],0.8),0),'~',sep = '')),
      cex = 0.7,horiz = F,ncol = 2)
rect(71,15,136,58)
text(71,16,label = paste(1999 + k,"年",sep = ''),pos = 4)
dev. off()
###################2007################################
k < - 8
png(file = paste(1999 + k,"年. png",sep = ''))
angle < - sapply(data[ ,k],fun,data[ ,k])
quantile(data[ ,k],probs = c(0.2,0.4,0.6,0.8))
angle < - c(angle,0)
fun1 < - function(x,y){
  inde < - ifelse(as. vector(x)% in% y,  which(as. vector(x) = = y),32)
```

```
  return( inde)
}
inde < - sapply( x $ NAME,fun1 ,data[ ,1 ] )
plot( x,density = density[ inde] ,
     angle = angle[ inde] )
legend(71 ,58 ,density = rep(30 ,5) ,angle = c(0 ,30 ,58 ,90 ,135) ,
       legend = c( paste('~',round( quantile( data[ ,k] ,0. 2) ,0) ,sep = '') ,
       paste( round( quantile( data[ ,k] ,0. 2) ,0) ,'~',round( quantile( data[ ,k] ,0. 4) ,0) ,
sep = '') ,
       paste( round( quantile( data[ ,k] ,0. 4) ,0) ,'~',round( quantile( data[ ,k] ,0. 6) ,0) ,
sep = '') ,
       paste( round( quantile( data[ ,k] ,0. 6) ,0) ,'~',round( quantile( data[ ,k] ,0. 8) ,0) ,
sep = '') ,
paste( round( quantile( data[ ,k] ,0. 8) ,0) ,'~',sep = '') ) ,
      cex = 0. 7 ,horiz = F,ncol = 2)
rect(71 ,15 ,136 ,58)
text(71 ,16 ,label = paste(1999 + k," 年" ,sep = '') ,pos = 4)
dev. off( )
###################2008################################
k < - 9
png( file = paste(1999 + k," 年. png" ,sep = '') )
angle < - sapply( data[ ,k] ,fun,data[ ,k] )
quantile( data[ ,k] ,probs = c(0. 2 ,0. 4 ,0. 6 ,0. 8) )
angle < - c( angle,0)
fun1 < - function( x,y) {
  inde < - ifelse( as. vector( x) % in% y,  which( as. vector( x) = = y) ,32)
  return( inde)
}
inde < - sapply( x $ NAME,fun1 ,data[ ,1 ] )
```

```
plot(x,density = density[inde],
     angle = angle[inde])
legend(71,58,density = rep(30,5),angle = c(0,30,58,90,135),
       legend = c(paste('~',round(quantile(data[,k],0.2),0),sep = ''),
       paste(round(quantile(data[,k],0.2),0),'~',round(quantile(data[,k],0.4),0),
sep = ''),
       paste(round(quantile(data[,k],0.4),0),'~',round(quantile(data[,k],0.6),0),
sep = ''),
       paste(round(quantile(data[,k],0.6),0),'~',round(quantile(data[,k],0.8),0),
sep = ''),
       paste(round(quantile(data[,k],0.8),0),'~',sep = '')),
      cex = 0.7,horiz = F,ncol = 2)
rect(71,15,136,58)
text(71,16,label = paste(1999 + k,"年",sep = ''),pos = 4)
dev.off()
##################2009###############################
k <- 10
png(file = paste(1999 + k,"年.png",sep = ''))
angle <- sapply(data[,k],fun,data[,k])
quantile(data[,k],probs = c(0.2,0.4,0.6,0.8))
angle <- c(angle,0)
fun1 <- function(x,y){
  inde <- ifelse(as.vector(x)%in% y,  which(as.vector(x) == y),32)
  return(inde)
}
inde <- sapply(x$NAME,fun1,data[,1])
plot(x,density = density[inde],
     angle = angle[inde])
legend(71,58,density = rep(30,5),angle = c(0,30,58,90,135),
```

```
          legend = c(paste('~',round(quantile(data[,k],0.2),0),sep = ''),
          paste(round(quantile(data[,k],0.2),0),'~',round(quantile(data[,k],0.4),0),
sep = ''),
          paste(round(quantile(data[,k],0.4),0),'~',round(quantile(data[,k],0.6),0),
sep = ''),
          paste(round(quantile(data[,k],0.6),0),'~',round(quantile(data[,k],0.8),0),
sep = ''),
          paste(round(quantile(data[,k],0.8),0),'~',sep = '')),
         cex = 0.7,horiz = F,ncol = 2)
   rect(71,15,136,58)
   text(71,16,label = paste(1999 + k,"年",sep = ''),pos = 4)
   dev.off()
   ###################2010################################
   k <- 11
   png(file = paste(1999 + k,"年.png",sep = ''))
   angle <- sapply(data[,k],fun,data[,k])
   quantile(data[,k],probs = c(0.2,0.4,0.6,0.8))
   angle <- c(angle,0)
   fun1 <- function(x,y){
     inde <- ifelse(as.vector(x)%in% y,  which(as.vector(x) == y),32)
     return(inde)
   }
   inde <- sapply(x$NAME,fun1,data[,1])
   plot(x,density = density[inde],
        angle = angle[inde])
   legend(71,58,density = rep(30,5),angle = c(0,30,58,90,135),
          legend = c(paste('~',round(quantile(data[,k],0.2),0),sep = ''),
          paste(round(quantile(data[,k],0.2),0),'~',round(quantile(data[,k],0.4),0),
sep = ''),
```

```
            paste( round( quantile( data[ ,k] ,0.4) ,0) ,'~',round( quantile( data[ ,k] ,0.6) ,0) ,
sep = '),
            paste( round( quantile( data[ ,k] ,0.6) ,0) ,'~',round( quantile( data[ ,k] ,0.8) ,0) ,
sep = '),
            paste( round( quantile( data[ ,k] ,0.8) ,0) ,'~',sep = ')),
          cex = 0.7,horiz = F,ncol = 2)
    rect(71,15,136,58)
    text(71,16,label = paste(1999 + k,"年",sep = '),pos = 4)
    dev. off( )
    ###################2011################################
    k < - 12
    png( file = paste(1999 + k,"年. png",sep = '))
    angle < - sapply( data[ ,k] ,fun,data[ ,k] )
    quantile( data[ ,k] ,probs = c(0.2,0.4,0.6,0.8))
    angle < - c( angle,0)
    fun1 < - function( x,y) {
      inde < - ifelse( as. vector( x) % in% y,  which( as. vector( x) = = y) ,32)
      return( inde)
    }
    inde < - sapply( x $ NAME,fun1,data[ ,1] )
    plot( x,density = density[ inde] ,
         angle = angle[ inde] )
    legend(71,58,density = rep(30,5) ,angle = c(0,30,58,90,135) ,
            legend = c( paste('~',round( quantile( data[ ,k] ,0.2) ,0) ,sep = '),
            paste( round( quantile( data[ ,k] ,0.2) ,0) ,'~',round( quantile( data[ ,k] ,0.4) ,0) ,
sep = '),
            paste( round( quantile( data[ ,k] ,0.4) ,0) ,'~',round( quantile( data[ ,k] ,0.6) ,0) ,
sep = '),
            paste( round( quantile( data[ ,k] ,0.6) ,0) ,'~',round( quantile( data[ ,k] ,0.8) ,0) ,
```

```
sep = ''),
          paste(round(quantile(data[,k],0.8),0),'~',sep = '')),
         cex = 0.7,horiz = F,ncol = 2)
    rect(71,15,136,58)
    text(71,16,label = paste(1999 + k,"年",sep = ''),pos = 4)
    dev.off()
    ###################2012################################
    k <- 13
    png(file = paste(1999 + k,"年.png",sep = ''))
    angle <- sapply(data[,k],fun,data[,k])
    quantile(data[,k],probs = c(0.2,0.4,0.6,0.8))
    angle <- c(angle,0)
    fun1 <- function(x,y){
      inde <- ifelse(as.vector(x)%in% y,  which(as.vector(x) == y),32)
      return(inde)
    }
    inde <- sapply(x$NAME,fun1,data[,1])
    plot(x,density = density[inde],
         angle = angle[inde])
    legend(71,58,density = rep(30,5),angle = c(0,30,58,90,135),
          legend = c(paste('~',round(quantile(data[,k],0.2),0),sep = ''),
          paste(round(quantile(data[,k],0.2),0),'~',round(quantile(data[,k],0.4),0),
sep = ''),
          paste(round(quantile(data[,k],0.4),0),'~',round(quantile(data[,k],0.6),0),
sep = ''),
          paste(round(quantile(data[,k],0.6),0),'~',round(quantile(data[,k],0.8),0),
sep = ''),
          paste(round(quantile(data[,k],0.8),0),'~',sep = '')),
         cex = 0.7,horiz = F,ncol = 2)
```

```
rect(71,15,136,58)
text(71,16,label = paste(1999 + k,"年",sep = ''),pos = 4)
dev.off()
###################2013################################
k < - 14
png(file = paste(1999 + k,"年.png",sep = ''))
angle < - sapply(data[,k],fun,data[,k])
quantile(data[,k],probs = c(0.2,0.4,0.6,0.8))
angle < - c(angle,0)
fun1 < - function(x,y){
  inde < - ifelse(as.vector(x)%in% y,  which(as.vector(x) = = y),32)
  return(inde)
}
inde < - sapply(x $ NAME,fun1,data[,1])
plot(x,density = density[inde],
     angle = angle[inde])
legend(71,58,density = rep(30,5),angle = c(0,30,58,90,135),
        legend = c(paste('~',round(quantile(data[,k],0.2),0),sep = ''),
        paste(round(quantile(data[,k],0.2),0),'~',round(quantile(data[,k],0.4),0),
sep = ''),
        paste(round(quantile(data[,k],0.4),0),'~',round(quantile(data[,k],0.6),0),
sep = ''),
        paste(round(quantile(data[,k],0.6),0),'~',round(quantile(data[,k],0.8),0),
sep = ''),
        paste(round(quantile(data[,k],0.8),0),'~',sep = '')),
       cex = 0.7,horiz = F,ncol = 2)
rect(71,15,136,58)
text(71,16,label = paste(1999 + k,"年",sep = ''),pos = 4)
dev.off()
```

```
##########################################################
#                     贫困空间分布
##########################################################
library( maps)
library( mapdata)
library( maptools)
x < - readShapePoly( 'bou2_4p. shp')
data < - read. csv( 'pinkun. csv',header = T)
angle < - NULL
density < - c( rep( 30,31) ,0)
fun < - function( x,y) {
  if( x < quantile( y,0. 2) +0. 000001) {
    return(0)
  } else if( x < quantile( y,0. 4) +0. 000001) {
    return(30)
  } else if( x < quantile( y,0. 6) +0. 000001) {
    return(58)
  } else if( x < quantile( y,0. 8) +0. 000001) {
    return(90)
  } else{
    return(135)
  }
}
k < - 5
angle < - sapply( data[ ,k] ,fun,data[ ,k] )
quantile( data[ ,k] ,probs = c(0. 2,0. 4,0. 6,0. 8) )
angle < - c( angle,0)
fun1 < - function( x,y) {
  inde < - ifelse( as. vector( x) %in% y,  which( as. vector( x) = = y) ,32)
```

```
  return(inde)
}
inde < - sapply(x $ NAME,fun1,data[ ,1])
plot(x,density = density[inde],
     angle = angle[inde],ylim = c(30,33))
legend(71,58,density = rep(30,5),angle = c(0,30,58,90,135),
       legend = c(paste('~',round(quantile(data[ ,k],0.2),5),sep = ''),
       paste(round(quantile(data[ ,k],0.2),5),'~',round(quantile(data[ ,k],0.4),5),
sep = ''),
       paste(round(quantile(data[ ,k],0.4),5),'~',round(quantile(data[ ,k],0.6),5),
sep = ''),
       paste(round(quantile(data[ ,k],0.6),5),'~',round(quantile(data[ ,k],0.8),5),
sep = ''),
paste(round(quantile(data[ ,k],0.8),5),'~',sep = '')),
      cex = 0.7,horiz = F,ncol = 2)
rect(71,15,136,58)
######################
k < - 6
angle < - sapply(data[ ,k],fun,data[ ,k])
quantile(data[ ,k],probs = c(0.2,0.4,0.6,0.8))
angle < - c(angle,0)
fun1 < - function(x,y){
  inde < - ifelse(as.vector(x)%in% y,  which(as.vector(x) = = y),32)
  return(inde)
}
inde < - sapply(x $ NAME,fun1,data[ ,1])
plot(x,density = density[inde],
     angle = angle[inde],ylim = c(30,33))
legend(71,58,density = rep(30,5),angle = c(0,30,58,90,135),
```

```
        legend = c(paste('~',round(quantile(data[,k],0.2),5),sep = '),
        paste(round(quantile(data[,k],0.2),5),'~',round(quantile(data[,k],0.4),5),
sep = '),
        paste(round(quantile(data[,k],0.4),5),'~',round(quantile(data[,k],0.6),5),
sep = '),
        paste(round(quantile(data[,k],0.6),5),'~',round(quantile(data[,k],0.8),5),
sep = '),
        paste(round(quantile(data[,k],0.8),5),'~',sep = ')),
       cex = 0.7,horiz = F,ncol = 2)
rect(71,15,136,58)
######################
k <- 7
angle <- sapply(data[,k],fun,data[,k])
quantile(data[,k],probs = c(0.2,0.4,0.6,0.8))
angle <- c(angle,0)
fun1 <- function(x,y){
  inde <- ifelse(as.vector(x)%in% y,  which(as.vector(x) == y),32)
  return(inde)
}
inde <- sapply(x$NAME,fun1,data[,1])
 plot(x,density = density[inde],
      angle = angle[inde],ylim = c(30,33))
legend(71,58,density = rep(30,5),angle = c(0,30,58,90,135),
        legend = c(paste('~',round(quantile(data[,k],0.2),5),sep = '),
        paste(round(quantile(data[,k],0.2),5),'~',round(quantile(data[,k],0.4),5),
sep = '),
        paste(round(quantile(data[,k],0.4),5),'~',round(quantile(data[,k],0.6),5),
sep = '),
        paste(round(quantile(data[,k],0.6),5),'~',round(quantile(data[,k],0.8),5),
```

```
sep = '),
        paste(round(quantile(data[ ,k],0.8),5),'~',sep = ')),
        cex = 0.7,horiz = F,ncol = 2)
    rect(71,15,136,58)
    ######################
    k < - 13
    angle < - sapply(data[ ,k],fun,data[ ,k])
    quantile(data[ ,k],probs = c(0.2,0.4,0.6,0.8))
    angle < - c(angle,0)
    fun1 < - function(x,y){
      inde < - ifelse(as.vector(x)% in% y,  which(as.vector(x) = = y),32)
      return(inde)
    }
    inde < - sapply(x $ NAME,fun1,data[ ,1])
     plot(x,density = density[inde],
        angle = angle[inde],ylim = c(30,33))
    legend(71,58,density = rep(30,5),angle = c(0,30,58,90,135),
        legend = c(paste('~',round(quantile(data[ ,k],0.2),5),sep = '),
        paste(round(quantile(data[ ,k],0.2),5),'~',round(quantile(data[ ,k],0.4),5),
sep = '),
        paste(round(quantile(data[ ,k],0.4),5),'~',round(quantile(data[ ,k],0.6),5),
sep = '),
    paste(round(quantile(data[ ,k],0.6),5),'~',round(quantile(data[ ,k],0.8),5),sep = '),
        paste(round(quantile(data[ ,k],0.8),5),'~',sep = ')),
        cex = 0.7,horiz = F,ncol = 2)
    rect(71,15,136,58)
    ######################
    k < - 14
    angle < - sapply(data[ ,k],fun,data[ ,k])
```

```
quantile(data[,k],probs = c(0.2,0.4,0.6,0.8))
angle <- c(angle,0)
fun1 <- function(x,y){
  inde <- ifelse(as.vector(x) %in% y,  which(as.vector(x) == y),32)
  return(inde)
}
inde <- sapply(x$NAME,fun1,data[,1])
 plot(x,density = density[inde],
     angle = angle[inde],ylim = c(30,33))
legend(71,58,density = rep(30,5),angle = c(0,30,58,90,135),
       legend = c(paste('~',round(quantile(data[,k],0.2),5),sep = ''),
        paste(round(quantile(data[,k],0.2),5),'~',round(quantile(data[,k],0.4),
5),sep = ''),
        paste(round(quantile(data[,k],0.4),5),'~',round(quantile(data[,k],0.6),
5),sep = ''),
        paste(round(quantile(data[,k],0.6),5),'~',round(quantile(data[,k],0.8),
5),sep = ''),
        paste(round(quantile(data[,k],0.8),5),'~',sep = '')),
      cex = 0.7,horiz = F,ncol = 2)
rect(71,15,136,58)
#########################################################
#                    城镇、农村贫困指标对比
#########################################################
data <- read.csv('chianurban.csv',header = T)
data1 <- read.csv('chinarural.csv',header = T)
data3 <- read.csv('china.csv',header = T)
plot(0,type = 'n',
     xlim = c(1985,2013),ylim = c(0,300),
     xlab = '',ylab = '')
```

```
lines(data[,1],data[,3])
points(data[,1],data[,3],cex = 1)
lines(data1[,1],data1[,3])
points(data1[,1],data1[,3],pch = 2,cex = 1)
lines(data3[-nrow(data3),1],data3[-nrow(data3),3],lty = 2)
points(data3[-nrow(data3),1],data3[-nrow(data3),3],cex = 1)
abline(h = seq(0,300,by = 50),lty = 3)
legend('topleft',bg = 'white',lty = c(1,1,2),pch = c(1:2,1),
        cex = 1,legend = c('China Urban Mean($)','China Rural Mean(S)',
        'China  Mean(S)'),horiz = F)
######################
data < - read.csv('urban.csv',header = T)
data1 < - read.csv('rural.csv',header = T)
data3 < - read.csv('chinazong.csv',header = T)
k < - 3
range(c(data[,k],data1[,k],data3[,k]))
range(c(data[,2],data1[,2],data3[,2]))
plot(0,type = 'n',
     xlim = c(1985,2011),ylim = c(0,100),
     xlab = '',ylab = '')
lines(data[,2],data[,k])
points(data[,2],data[,k],cex = 1)
lines(data1[,2],data1[,k])
points(data1[,2],data1[,3],pch = 2,cex = 1)
lines(data3[,2],data3[,3],lty = 2)
points(data3[,2],data3[,3],cex = 1)
abline(h = seq(0,100,by = 20),lty = 3)
legend('topright',bg = 'white',lty = c(1,1,2),pch = c(1:2,1),
        cex = 1,legend = c('China Urban Headcount','China Rural Headcount',
```

```
          China   Headcount'),horiz = F)
######################
data <- read.csv('urban.csv',header = T)
data1 <- read.csv('rural.csv',header = T)
data3 <- read.csv('chinazong.csv',header = T)
k <- 4
range(c(data[ ,k],data1[ ,k],data3[ ,k]))
range(c(data[ ,2],data1[ ,2],data3[ ,2]))
plot(0,type = 'n',
     xlim = c(1985,2011),ylim = c(0,45),
     xlab = '',ylab = '')
lines(data[ ,2],data[ ,k])
points(data[ ,2],data[ ,k],cex = 1)
lines(data1[ ,2],data1[ ,k])
points(data1[ ,2],data1[ ,k],pch = 2,cex = 1)
lines(data3[ ,2],data3[ ,k],lty = 2)
points(data3[ ,2],data3[ ,k],cex = 1)
abline(h = seq(0,40,by = 10),lty = 3)
legend('topright',bg = 'white',lty = c(1,1,2),pch = c(1:2,1),
          cex = 1,legend = c('China Urban Pov. gap','China Rural Pov. gap',
          'China Pov. gap'),horiz = F)
######################
data <- read.csv('urban.csv',header = T)
data1 <- read.csv('rural.csv',header = T)
data3 <- read.csv('chinazong.csv',header = T)
k <-5
range(c(data[ ,k],data1[ ,k],data3[ ,k]))
range(c(data[ ,2],data1[ ,2],data3[ ,2]))
plot(0,type = 'n',
```

```
    xlim = c(1985,2011),ylim = c(0,25),
    xlab = '',ylab = '')
lines(data[,2],data[,k])
points(data[,2],data[,k],cex = 1)
lines(data1[,2],data1[,k])
points(data1[,2],data1[,k],pch = 2,cex = 1)
lines(data3[,2],data3[,k],lty = 2)
points(data3[,2],data3[,k],cex = 1)
abline(h = seq(0,25,by = 5),lty = 3)
legend('topright',bg = 'white',lty = c(1,1,2),pch = c(1:2,1),
        cex = 1,legend = c('China Urban Pov. gap square','China Rural Pov. gap square',
        'China Pov. gap square'),horiz = F)
######################
data < - read.csv('urban.csv',header = T)
data1 < - read.csv('rural.csv',header = T)
data3 < - read.csv('chinazong.csv',header = T)
k < -6
range(c(data[,k],data1[,k],data3[,k]))
range(c(data[,2],data1[,2],data3[,2]))
plot(0,type = 'n',
    xlim = c(1985,2011),ylim = c(20,45),
    xlab = '',ylab = '')
lines(data[,2],data[,k])
points(data[,2],data[,k],cex = 1)
lines(data1[,2],data1[,k])
points(data1[,2],data1[,k],pch = 2,cex = 1)
lines(data3[,2],data3[,k],lty = 2)
points(data3[,2],data3[,k],cex = 1)
abline(h = seq(20,45,by = 5),lty = 3)
```

```
legend('topleft',bg = 'white',lty = c(1,1,2),pch = c(1:2,1),
       cex = 1,legend = c('China Urban Gini index','China Rural Gini index',
       'China Gini index'),horiz = F)
```

附录2 专有名词缩写（按字母顺序排序）

AIC:Akaike Information Criterion,最小信息准则

BBLUP:the Bayesian Linear Unbiased Predictor,贝叶斯最佳线性无偏预测值

BLUP:the Best Linear Unbiased Predictor,最佳线性无偏预测值

BMI:Body Mass Index,身体质量指数,简称体质指数

BP:Best Prediction,最优预测

BPE:the Best Predictive Estimator,最优预测估计量

CHNS:China Health and Nutrition Survey,中国健康与营养调查

EB:Empirical Bayes,经验贝叶斯

EBLUP;The Empirical Best Linear Unbiased Predictor,经验最佳线性无偏预测值

EBP:Empirical Bayesian Prediction,经验贝叶斯预测

EBPs:Empirical Bayesian Predictions,经验贝叶斯预测参数

ECHP:European Communicaty Household Panel,欧洲社区专门工作小组

ELL:Elbers et al.(2003)提出的方法,后被世界银行采用

EM:Expectation Maximization Algorithm,期望最大算法

GLM:Generalized Linear Model,广义线性模型

GLMM:Generalized Linear Mixed Model,广义线性混合模型

GLS:Generalized Least Squares,广义最小二乘

GREG:Generalized Regression Estimator,广义回归估计量

HB:Hierarchical Bayes,分层贝叶斯

HILDA:The Household,Income and Labour Dynamics in Australia,澳大利亚的住户、收入和劳工动态

LMM:Linear Mixed Model,线性混合模型

MAIC：Marginal Akaike Information Criterion，边际最小信息准则

MC：Monte Carlo，蒙特卡洛

MCMC：Markov Chain Monte Carlo，马尔可夫链蒙特卡洛

MLE：Maximum Likelihood Estimate，极大似然估计

MOM：Method of Moments，矩量法

MSE：Mean Squared Error，均方误差

NHANES Ⅲ：National Health and Nutrition Examination Survey Ⅲ，第三次美国健康和营养调查

NMAR：Not Missing at Random，非随机缺失值

OBP：Observations Best Prediction，观测的最优预测

PB：Pseudo-Bayes，虚假的贝叶斯

PEB：Pseudo Empirical Bayes，虚假的经验贝叶斯

PL：Pseudo-Likelihood，伪似然

PMSE：the Prediction Mean Squared Error，预测均方误差

PW：Probability-Weighted，概率加权

REML：Residual Estimation of Maximum Likelihood，残差极大似然

SAE：Small Areas Estimation，小域估计

SAIPE：Small Area Income Poverty Estimation，小域收入贫困估计

UNDP：United Nations Development Programme，联合国开发计划署

图书在版编目(CIP)数据

贫困指标测度的研究范式与机理分析 / 张会敏，刘超，刘秉龙著．--北京：社会科学文献出版社，2019.8

ISBN 978-7-5201-5202-0

Ⅰ．①贫… Ⅱ．①张… ②刘… ③刘… Ⅲ．①贫困问题-研究 Ⅳ．①F113.9

中国版本图书馆 CIP 数据核字（2019）第 150521 号

贫困指标测度的研究范式与机理分析

著　　者 / 张会敏　刘　超　刘秉龙

出 版 人 / 谢寿光

责任编辑 / 张　媛　柯　宓

出　　版 / 社会科学文献出版社 · 皮书出版分社（010）59367127

地址：北京市北三环中路甲 29 号院华龙大厦　邮编：100029

网址：www.ssap.com.cn

发　　行 / 市场营销中心（010）59367081　59367083

印　　装 / 三河市龙林印务有限公司

规　　格 / 开　本：787mm × 1092mm　1/16

印　张：12.5　字　数：170 千字

版　　次 / 2019 年 8 月第 1 版　2019 年 8 月第 1 次印刷

书　　号 / ISBN 978-7-5201-5202-0

定　　价 / 89.00 元